ANAXIMANDRO DE MILETO OU O NASCIMENTO DO PENSAMENTO CIENTÍFICO

Título original:
La naissance de la pensée scientifique
Anaximandre de Milet, 2éd., par Carlo Rovelli

© Dunod, 2020, Malakoff

Tradução: Jorge Melícias

Revisão: António Barrancos

Capa: FBA

Imagem de capa:
Bildnis des Philosophen Anaximander, de Pietro Belloti (1625-1700)

Depósito Legal n.º 484890/21

Biblioteca Nacional de Portugal – Catalogação na Publicação

ROVELLI, Carlo, 1956-

Anaximandro de Mileto: ou o nascimento do pensamento científico.
(Universo da ciência)
ISBN 978-972-44-2473-6

CDU 1 Anaximandro de Mileto

Paginação:
MA

Direitos reservados para todos os países de língua portuguesa por

EDIÇÕES 70, uma chancela de Edições Almedina, S.A.
LEAP CENTER – Espaço Amoreiras
Rua D. João V, n.º 24, 1.03 – 1250-091 Lisboa – Portugal
e-mail: editoras@grupoalmedina.net

Esta obra está protegida pela lei. Não pode ser reproduzida,
no todo ou em parte, qualquer que seja o modo utilizado,
incluindo fotocópia e xerocópia, sem prévia autorização do Editor.
Qualquer transgressão à lei dos Direitos de Autor será passível de
procedimento judicial.

**CARLO
ROVELLI
ANAXIMANDRO
DE MILETO
OU O NASCIMENTO
DO PENSAMENTO
CIENTÍFICO**

Índice

Introdução 13

Agradecimentos 21

I. O século vi antes da nossa era 23
    1. Um panorama do mundo 23
    2. O saber do século vi: a astronomia 25
    3. Os deuses 34
    4. Mileto 37

II. As contribuições de Anaximandro 47

III. Os fenómenos atmosféricos 53
    O naturalismo cosmológico e biológico 57

IV. A Terra flutua 61

V. Entidades invisíveis e leis naturais 75
    1. Há na natureza algo que não vemos? 75
        Tales: a água 75
        Anaxímenes: comprimir e rarefazer 77
        Anaximandro: o *ápeiron* 78
    2. A ideia de lei natural: Anaximandro, Pitágoras e Platão . . . 81

VI. Quando a revolta se torna virtude 85

VII. Escrita, democracia e mescla de culturas 91
    1. A Grécia arcaica 91

2. O alfabeto grego. 95
3. Ciência e democracia 99
4. A mescla de culturas. 102

VIII. O que é a ciência? Pensar Anaximandro depois de Einstein
e Heisenberg 107
1. O colapso das ilusões do século XIX 108
2. A ciência não se reduz a previsões verificáveis 110
3. Explorar as formas de pensamento do mundo 114
4. A evolução da imagem do mundo 116
5. Regras do jogo e comensurabilidade 120
6. Elogio da incerteza 122

IX. Entre o relativismo cultural e o pensamento do absoluto. . . 129

X. Podemos nós compreender o mundo sem os deuses? 141
O conflito. 145

XI. O pensamento pré-científico. 153
1. A natureza do pensamento místico-religioso 155
2. As diferentes funções do divino 162

XII. Conclusão: a herança de Anaximandro 169

Indicações bibliográficas 173
Créditos das figuras 177

Para a Bonnie

«Rerum fores aperuisse, Anaximander Milesius traditur primus.»

«Conta-se que foi Anaximandro de Mileto quem primeiro abriu as portas da natureza.»

Plínio, *História Natural*, II, 31

Introdução

Todas as civilizações humanas pensaram que o mundo era formado pelo Céu, em cima, e pela Terra, em baixo (fig. 1, à esquerda). Sob a Terra, para que ela não caia, deve existir terra, até ao infinito; ou então uma grande tartaruga assente sobre um elefante, como em certos mitos asiáticos; ou ainda gigantescas colunas, tais como aquelas de que a Bíblia fala. Esta imagem do mundo é partilhada pelas civilizações egípcia, chinesa, maia, da Índia antiga, da África negra, pelos Hebreus da Bíblia, pelos Índios da América, pelos antigos Impérios Babilónicos e por todas as outras culturas de que temos vestígios.

Todas, exceto uma, a civilização grega. Já na idade clássica, os Gregos pensavam a Terra como uma pedra suspensa no espaço (fig. 1, à direita): sob a Terra, nem terra até ao infinito, nem tartaruga, nem colunas, mas o mesmo céu que vemos por cima de nós. Como é que os Gregos descobriram que a Terra flutua no espaço? Que o céu continua sob os nossos pés? Quem e como o compreendeu?

O homem que deu esse enorme passo é o protagonista destas páginas: Ἀναξίμανδρος, Anaximandro, nascido há vinte e seis séculos na cidade grega de Mileto, situada na costa ocidental da atual Turquia. É certo que esta descoberta bastaria, por si só, para fazer dele um gigante do pensamento. Mas a sua herança é mais vasta. Anaximandro abriu caminho para a física, para a geografia, para o estudo dos fenómenos meteorológicos e para a biologia. Além destas enormes contribuições, iniciou o processo de *repensar a nossa imagem do mundo*: o modo de procura do conhecimento baseado na revolta contra as evidências. Desse ponto de vista, Anaximandro é, incontestavelmente, um dos pais do pensamento científico.

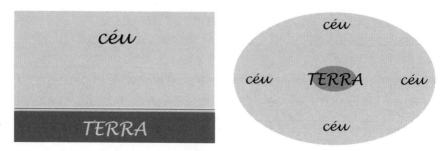

Fig. 1: O mundo, antes e depois de Anaximandro.

A natureza dessa forma de pensamento constitui o segundo objeto deste livro. A ciência é, acima de tudo, uma exploração apaixonada de novas formas de pensar o mundo. A sua força não reside nas certezas que proporciona, mas sim numa aguda consciência da extensão da nossa ignorância. É essa consciência que nos leva a duvidarmos incessantemente daquilo que pensamos saber e que, dessa forma, nos possibilita continuarmos sempre a aprender. A procura do conhecimento não se alimenta de certezas: alimenta-se de uma radical ausência de certezas.

Tal pensamento, fluido, em constante evolução, possui uma grande força e uma magia subtil: é capaz de subverter a ordem do mundo, de repensar o mundo.

Essa conceção evolutiva e subversiva do pensamento racional é muito diferente da sua representação positivista, tal como também o é da imagem fragmentada e um pouco árida que lhe conferem algumas reflexões filosóficas contemporâneas. O aspeto do pensamento científico que gostaria de destacar nestas páginas é a sua capacidade crítica, rebelde, de *reinventar o mundo perpetuamente*.

Se este esforço de «reinventar o mundo» é um aspeto central da procura científica do conhecimento, então esta aventura não começou com a síntese newtoniana ou com as experiências pioneiras de Galileu, nem sequer com os primeiros modelos matemáticos da astronomia alexandrina. Ela começou muito antes, com aquilo que deve ser chamado de «a primeira grande revolução científica» da história da Humanidade: a de Anaximandro.

✻

Introdução

Contudo, a importância de Anaximandro na história do pensamento é amplamente subestimada.[1] Há diversas razões para que assim seja. Na Antiguidade, a sua proposta metodológica ainda não tinha dado os frutos que hoje colhemos, após uma longa maturação e numerosas mudanças de rumo. Apesar do reconhecimento de alguns autores de sensibilidade mais «científica», como Plínio (citado na abertura deste livro), Anaximandro é muitas vezes considerado, por exemplo por Aristóteles, como o turiferário de uma abordagem naturalista considerada incerta e orgulhosamente combatida por correntes culturais alternativas.

Se ainda hoje o pensamento de Anaximandro permanece pouco conhecido, e mal compreendido, tal facto deve-se, em primeiro lugar, à perniciosa dicotomia entre ciências duras e humanidades. Estou ciente, naturalmente, do enviesamento que constitui a minha formação, essencialmente científica, quando se trata de avaliar a importância de um pensador que viveu há vinte e seis séculos. Mas estou convencido de que a interpretação corrente do pensamento de Anaximandro padece do enviesamento inverso: a dificuldade, para muitos intelectuais de formação histórico-filosófica, em avaliar o alcance de contribuições cuja natureza e herança são intimamente «científicas». Mesmo os autores citados na nota abaixo, que reconhecem de bom grado a grandeza do pensamento de Anaximandro, têm dificuldade em compreender a fundo o alcance de algumas das suas contribuições. É esse alcance que procuro dar a lume nestas páginas.

O meu olhar a respeito de Anaximandro não é, portanto, o de um historiador, nem o de um especialista em filosofia grega, mas o de um cientista moderno, preocupado em refletir sobre a natureza do pensamento científico, bem como sobre o papel desse pensamento no desenvolvimento da civilização. Ao contrário de grande parte dos autores que se interessam por Anaximandro, o meu objetivo não é o de reconstruir, tão fielmente quanto possível, o seu pensamento e o seu universo conceptual. Para esta reconstrução, apoio-me nos magistrais trabalhos levados a cabo por helenistas e

---

[1] Esta situação está a mudar. Vários estudos recentes convergem para a tese deste livro. Daniel Graham (2006), num livro muito recente sobre a filosofia jónica, chega a conclusões bastante semelhantes. Na introdução da recolha dos ensaios da obra *Anaximander in Context* (2003) podemos ler: «Estamos convencidos de que Anaximandro é uma das maiores mentes que já viveu, e consideramos que esse facto não está suficientemente refletido nos estudos existentes.» Dirk Couprie, que estudou detalhadamente a cosmologia de Anaximandro (2003), conclui: «Sem hesitação, considero-o o par de Newton.»

historiadores como Charles Kahn (1960), Marcel Conche (1991) ou, mais recentemente, Dirk Couprie (2003). Não procuro modificar ou completar a conclusão dessas reconstruções, mas sim pôr em evidência a profundidade do pensamento que dele decorre e o papel que esse pensamento teve no desenvolvimento do saber universal.

*

O segundo motivo da subvalorização do pensamento de Anaximandro, como o de outros aspetos do pensamento científico grego, é uma subtil e difusa incompreensão de alguns aspetos centrais do pensamento científico.

A fé na ciência característica do século XIX, a sua glorificação positivista como saber definitivo a respeito do mundo, está hoje em colapso. A primeira responsável por essa derrocada é a revolução da física do século XX, que revelou que, apesar da sua incrível eficácia, a física de Newton é, num sentido muito preciso, falsa. Grande parte da posterior filosofia das ciências pode ser lida como uma tentativa de redefinir, sobre essa *tabula rasa*, a natureza da ciência.

Deste modo, algumas correntes procuraram encontrar os fundamentos certos para a ciência, restringindo, por exemplo, o conteúdo do conhecimento das suas teorias à capacidade de prever números ou ao comportamento de fenómenos diretamente observáveis ou verificáveis. Noutras abordagens, as teorias científicas são analisadas como construções mentais mais ou menos arbitrárias, que não podem ser diretamente confrontadas entre si ou com o mundo, a não ser nas suas consequências mais práticas. No entanto, com este tipo de análise, perdemos de vista os aspetos qualitativos e cumulativos do saber científico, que não só são inseparáveis dos dados numéricos puros como também são, sobretudo, a alma e a razão de ser da ciência.

No outro extremo do espectro, uma parte da cultura contemporânea desvaloriza radicalmente o conhecimento científico, alimentando um anticientismo difuso. Depois do século XX, o pensamento racional aparece cheio de incertezas. Diversas formas de irracionalismo florescem, tanto na opinião pública como nos círculos mais instruídos, alimentando-se do vazio criado pela perda da ilusão de que a ciência poderia fornecer uma imagem do mundo definitiva — do medo de aceitar a nossa ignorância. Mais vale falsas certezas do que incertezas...

Mas a ausência de certezas, longe de ser a sua fraqueza, constitui, e constituiu *sempre*, o segredo da força da ciência, entendida como pensamento da curiosidade, da revolta e da mudança. As suas respostas não são credíveis porque são definitivas; elas são credíveis porque são as melhores de que dispomos num dado momento da história do nosso saber. É justamente por sabermos que elas não podem ser consideradas como definitivas que continuam a aperfeiçoar-se.

Desse ponto de vista, os três séculos de ciência newtoniana não se identificam com a «Ciência», como muitas vezes o cremos. Eles não passam de um momento de pausa no caminho da ciência, à sombra de um grande sucesso. Ao questionar a física de Newton, Einstein não pôs em causa a possibilidade de compreender como funciona o mundo. Pelo contrário, ele retomou o caminho — o caminho de Maxwell, de Newton, de Copérnico, de Ptolomeu, de Hiparco e de Anaximandro —, colocando constantemente em discussão os fundamentos da nossa visão do mundo, para melhorá-lo continuamente.

Cada passo dado por estas personalidades, tal como cada passo dado por inúmeras outras personalidades de menor importância, afeta profundamente a nossa imagem do mundo, chegando mesmo a modificar o significado da noção de imagem do mundo. Não se trata aqui de mudanças de pontos de vista arbitrários, mas sim de engrenagens na inesgotável riqueza das coisas, que se iluminam umas após as outras. Cada passo revela-nos um novo mapa da realidade, que nos relata *um pouco melhor* o mundo. Procurar a ponta da meada, o ponto fixo metodológico ou filosófico ao qual ancorar esta aventura, é trair a sua natureza intrinsecamente evolutiva e crítica.

Se é, por conseguinte, ingénuo pretender saber como é feito o mundo com base no pouco que dele conhecemos, seria francamente estúpido desprezar o que sabemos, unicamente pelo facto de amanhã podermos saber um pouco mais. Um mapa geográfico não perde o seu valor cognitivo apenas porque sabemos que um mapa mais preciso poderá existir. A cada passo retificamos um erro, obtemos mais um elemento de saber, que nos permite ver um pouco mais longe. A Humanidade percorre um caminho rumo ao conhecimento que sabe manter-se afastado das certezas daqueles que se creem depositários da verdade, sem com isso deixar de ser capaz de reconhecer quem está certo e quem está errado, como o pretendia uma parte do pensamento contemporâneo. É este o ponto de vista que procuro articular na parte final deste texto.

Regressar às raízes antigas do pensamento racional sobre a natureza, entendida neste sentido mais vasto, é, portanto, para mim, uma forma de realçar o que considero serem algumas das características centrais desse pensamento. Falar de Anaximandro é também refletir sobre o significado da revolução científica iniciada por Einstein, que é o objeto do meu trabalho enquanto físico, especialista em gravidade quântica.

A gravidade quântica é um problema em aberto no coração da física teórica contemporânea. Para o resolver, provavelmente será necessário mudar profundamente os nossos conceitos de espaço e de tempo. Anaximandro transformou o mundo: de uma caixa fechada, em cima pelo Céu e em baixo pela Terra, ele fez um espaço aberto no qual flutua a Terra. Somente tendo em conta como tais transformações do mundo, por mais prodigiosas que sejam, são possíveis, e por que razão estão elas «corretas», é que poderemos esperar enfrentar o desafio de compreender as transformações das noções de espaço e de tempo requeridas pela quantificação da gravidade.

Por fim, um último trajeto, mais difícil, subjaz a este livro; um trajeto feito mais de perguntas do que de respostas. Interrogarmo-nos sobre a primeira manifestação antiga do pensamento racional da natureza conduz inevitavelmente a que nos interroguemos sobre a natureza do saber que historicamente a precede e que, ainda hoje, colocamos como antagónica: o saber de onde nasceu esse pensamento, do qual acabou por se diferenciar, e contra o qual se insurgiu e ainda se insurge — bem como sobre a relação entre os dois.

Ao abrir, para retomar as palavras de Plínio, «as portas da natureza», Anaximandro abriu, de facto, um conflito titânico: o conflito entre duas formas de saber profundamente diferentes. De um lado, um novo conhecimento sobre o mundo, baseado na curiosidade, na revolta contra as certezas e, portanto, na mudança. Do outro, o pensamento então dominante,

Introdução

principalmente místico-religioso, e fundado, em grande medida, em certezas que, pela sua natureza, não podem ser postas em debate. Este conflito atravessou a história da nossa civilização, século após século, com vitórias e derrotas de ambos os lados.

Atualmente, depois de um período em que estas duas formas de pensamento rivais pareciam ter encontrado uma forma de coexistência pacífica, este conflito parece estar de novo a espoletar. Numerosas vozes, com origens políticas e culturais bastante diferentes, entoam de novo o irracionalismo e o primado do pensamento religioso. Até à data, a França, em parte, soube manter-se à margem dessa grande vaga, que assola países tão diferentes como os Estados Unidos, a Índia, a Itália ou a maior parte dos países islâmicos; mas também em França a confiança no pensamento racional está a erodir-se junto do público, e o país não conseguirá escapar ao regresso do pensamento religioso que observamos no resto do mundo. Já há sinais disso.

Este novo confronto entre o pensamento positivo e o pensamento místico-religioso quase que nos remete para as querelas do Século das Luzes. Para deslindar o que está em jogo, talvez seja insuficiente, uma vez mais, virarmo-nos para a década passada, ou para os quatro séculos anteriores. Trata-se de uma oposição mais profunda, cuja escala temporal se mede em milénios e não em séculos, e que talvez tenha que ver com a lenta evolução da própria civilização humana, com a estrutura profunda da sua organização conceptual, social e política. Estes são temas tão vastos que pouco mais poderei fazer do que levantar questões e procurar alguns esboços de reflexão; mas trata-se de temas centrais para o nosso mundo e para o seu futuro. O resultado incerto deste conflito determina o nosso dia a dia e o destino da Humanidade.

Não quero sobrestimar Anaximandro, do qual, no fundo, muito pouco sabemos. Mas, no litoral jónico, há vinte e seis séculos, alguém abriu um novo caminho para o conhecimento e uma nova avenida para a Humanidade. A névoa que nos oculta o século VI a.C. é espessa, e sabemos muito pouco de Anaximandro como homem para podermos atribuir-lhe com certeza essa gigantesca revolução. Mas a revolução, o nascimento do pensamento da curiosidade e da mudança aconteceram mesmo. Quer Anaximandro seja o seu único autor quer seja ele o nome que designa essa revolução, como no-lo sugerem algumas fontes antigas, no fundo, isso pouco nos interessa.

É dessa extraordinária revolução, iniciada há vinte e seis séculos na costa turca e com a qual vivemos até aos dias de hoje, que quero falar. E sobre o conflito que ela desencadeou e que ainda lavra.

Agradecimentos

Obrigado a Fabio Soso por me transmitir a sua paixão pela ciência antiga. A Dirk Couprie, um dos maiores especialistas em Anaximandro, por, pacientemente, ter lido estas páginas e corrigido as maiores gafes. E aos meus pais, por muito mais do que isso.

I.

O século VI antes da nossa era

1. Um panorama do mundo

Em 610 a.c., no momento do nascimento de Anaximandro de Mileto, faltavam ainda quase duzentos anos para o século de ouro da civilização grega, o de Péricles e de Platão.

Em Roma, segundo a tradição, reina Tarquínio Prisco. Sensivelmente no mesmo período, os Celtas fundam Milão, e colonos gregos, partindo da Jónia de Anaximandro, fundam Marselha. Homero (ou aquilo que ele designa) compôs a *Ilíada* dois séculos antes, e Hesíodo escreveu *Os Trabalhos e os Dias*; mas ainda muito poucos dos grandes poetas, filósofos e dramaturgos gregos produziram a sua obra. Na ilha de Lesbos, perto de Mileto, floresce a jovem Safo.

Em Atenas, cujo poder começa a crescer, o severo código de Drácon está em vigor; mas Sólon, que em breve escreverá a primeira constituição integrando elementos democráticos, já nasceu.

O mundo mediterrânico não é primitivo, longe disso: há pelo menos dez mil anos que os homens vivem em cidades; o grande reino do Egito existe há mais de vinte séculos, um período tão longo como aquele que nos separa de Anaximandro.

O nascimento de Anaximandro tem lugar dois anos após a queda de Nínive, um evento histórico importante, que marca o fim do brutal poderio assírio.

A maior cidade do mundo, com os seus duzentos mil habitantes, é, de novo, a Babilónia, como o foi durante dezenas de séculos. Nabopolassar, o conquistador de Nínive, reina na Babilónia. Mas este retorno ao esplendor é de curta duração: no Oriente, o emergente poderio persa, liderado por

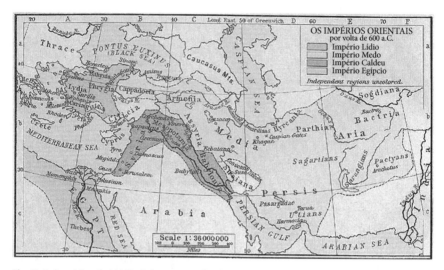

Fig. 2: Os impérios do Médio Oriente por volta de 600 a.C.

Ciro I, que em breve deverá assumir o controlo da Mesopotâmia, já é uma ameaça. No Egito termina o longo reinado de Psamético I, primeiro faraó da XXVI dinastia, que reconquistou ao moribundo Império Assírio a independência do Egito, levando o país à prosperidade. A Psamético I deve-se a estabilização de estreitas relações com o mundo grego, alistando inúmeros mercenários gregos no seu exército e encorajando os Gregos a instalarem-se no Egito. Mileto possui, assim, um próspero entreposto no Egito, Náucratis, o que sugere que Anaximandro deve ter disposto de informações em primeira mão sobre a cultura egípcia.

Em Jerusalém reina Josué, da casa de David, que beneficia da evolução da situação internacional — o Império Assírio definha, e a Babilónia ainda não é suficientemente poderosa — para reafirmar o orgulho de Jerusalém, impondo o culto exclusivo de Jeová. Destrói todos os objetos de culto dos outros deuses, como Baal ou Asherah, deita fogo aos templos, trucida os sacerdotes pagãos ainda vivos e exuma as ossadas daqueles que já morreram[2] para as queimar nos seus altares, dando início a um comportamento em relação às outras religiões que, mais tarde, será característico do monoteísmo, quando este acabar por triunfar. Antes da morte de Anaximandro, o povo hebreu cairá de novo, e será deportado para a Babilónia, onde

---

[2] *Bíblia*, II Reis, 23:4, e seguintes.

O século vi antes da nossa era

viverá, uma vez mais, a trágica experiência da escravidão; um cativeiro do qual conseguirá, por fim, libertar-se, como o terá feito no Egito, séculos atrás, graças a Moisés.

Desses acontecimentos, o mais provável é que o seu eco chegue a Mileto. De outros eventos, pelo contrário, aqueles que se desenrolam em outros continentes, provavelmente muito pouco seria conhecido na Ásia Menor. Enquanto a Europa passa da Idade do Bronze à Idade do Ferro, na América, a secular civilização olmeca entra em declínio; no Nordeste da Índia sucedem-se os grandes reinos Mahajanapadas. Vardhamana Jina, fundador do Jainismo, que prega a não-violência no que respeita a todos os seres vivos, é contemporâneo de Anaximandro: já os Indo-europeus do Ocidente focam-se em como pensar o mundo, e os do Oriente em como melhor viverem as suas vidas...

Kuangwang subiu recentemente ao trono chinês, como décimo segundo imperador da grande dinastia Zhou. É o chamado período das Primaveras e dos Outonos, em que se opera uma descentralização do poder, marcado por lutas feudais; mas também por uma vivacidade e uma diversidade cultural que, em breve, a China perderá por muito tempo, talvez em troca de uma certa estabilidade interna, certamente imperfeita, mas indubitavelmente superior à do belicoso Ocidente.

A civilização humana está, portanto, em marcha há milénios, e relativamente estruturada, quando, no alvorecer do século vi, nasce Anaximandro de Mileto. As ideias percorrem os continentes, tal como as mercadorias. Talvez seja já possível comprar seda chinesa em Mileto, como o será em Atenas, dois séculos mais tarde. Grande parte dos homens está ocupada a sobreviver cultivando a terra, criando gado, pescando, caçando, comerciando; outros, tal como hoje, ocupam-se a acumular poder e riqueza, criando a guerra.

2. O saber do século vi: a astronomia

Qual é o clima cultural neste mundo, e qual é a extensão do conhecimento? É difícil ter uma ideia precisa, porque o século vi deixou-nos relativamente poucos testemunhos escritos — ao contrário dos séculos seguintes, particularmente loquazes. No tempo de Anaximandro, já tinham sido escritos alguns grandes livros cuja influência chega até nós, como extensas partes da

Bíblia (o Deuteronómio foi provavelmente escrito por volta dessa altura), o *Livro dos Mortos do Antigo Egito* e as grandes epopeias como o *Gilgamesh*, o *Mahabharata*, a *Ilíada* e a *Odisseia* — as esplêndidas e grandiosas histórias nas quais a Humanidade se revê, com os seus sonhos e as suas loucuras.

Há já três milénios que a escrita está em uso. As leis estão escritas há pelo menos doze séculos, desde que Hamurabi, sexto rei da Babilónia, as fez gravar sobre esplêndidos blocos de basalto, colocados em cada cidade do seu vasto império. É possível contemplar um desses blocos no Louvre. É difícil resistir à emoção que suscita a contemplação de tal objeto.

O saber científico? No Egito, e sobretudo na Babilónia, são desenvolvidas matemáticas rudimentares, que hoje conhecemos graças a compilações de resultados e de exercícios. Aos jovens escribas egípcios, por exemplo, ensina-se como resolver problemas de divisão de sacos de grãos em frações iguais entre credores, ou de acordo com determinadas proporções. (Um comerciante tem 20 sacos de grãos para recompensar dois operários, sabendo que um deles trabalhou três vezes mais do que o outro: quantos deve dar a cada um?) São conhecidas as técnicas para dividir um número por 2, 3, 4 e 5, mas não por 7. Se a solução do problema implica uma divisão por 7, é preciso reformular o problema noutros termos. Para calcular o perímetro de um círculo em função do seu raio, utiliza-se a constante hoje batizada por «pi» (3,14...), à qual habitualmente se dá o valor de 3. Os Egípcios sabem que um triângulo cujos lados estão na relação 3:4:5 tem um ângulo reto. Procurei avaliar globalmente o nível dessas matemáticas, com base nas reconstruções modernas, e parece-me que podemos compará-las às adquiridas por um bom aluno do 3.º ou 4.º anos do primeiro ciclo do ensino básico. Fala-se muitas vezes do «extraordinário desenvolvimento das matemáticas babilónicas». Isso será certamente verdade, mas é preciso que não nos iludamos: trata-se de técnicas que aprendemos na escola primária. Note-se que, para a Humanidade de então, reunir os conhecimentos que uma criança de hoje, com oito anos, assimila sem dificuldade foi tudo menos fácil.

O saber do Egito, da Babilónia, de Jerusalém, de Creta ou de Micenas, ou ainda o da China ou do México, está concentrado nas grandes cortes reais e imperiais. A forma fundamental da organização política das primeiras grandes civilizações é, de facto, a monarquia, isto é, a centralização do poder. Podemos dizer, sem exagerar, que, no século VI, as grandes monarquias *são* as grandes civilizações. A lei, o comércio, a escrita, o conhecimento, a religião, a estrutura política, tudo se desenrola nos palácios reais e imperiais. É essa estrutura monárquica que permite o desenvolvimento da civilização. Ela constitui a garantia de estabilidade e de segurança necessárias à complexificação das relações sociais. Uma estabilidade que, no entanto, não coloca os homens ao abrigo de catástrofes maiores — como atualmente.

A corte da Babilónia mantém registos de factos importantes ou assinaláveis, como o preço do grão, as catástrofes naturais e — iniciativa crucial para o futuro desenvolvimento da ciência — os dados astronómicos, eclipses e posições dos planetas. Oito séculos depois, já sob a égide do Império Romano, Ptolomeu servir-se-á ainda, com uma relativa segurança, desses dados. Lamentar-se-á mesmo não ter acesso a todos os documentos babilónicos sobre as posições dos planetas; ele dispõe, em todo o caso, de uma tabela de eclipses compilada no reinado de Nabonassar, por volta de 747 a.C., um século antes de Anaximandro; uma data que ele próprio escolherá, aliás, como o ano zero dos seus cálculos astronómicos.

Fig. 3: Tábua de caracteres cuneiformes escrita em Nínive no século vii a.C. (Museu Britânico). Contém leituras da posição de Vénus no céu realizadas por Amisaduca, um milénio antes.

O registo dos dados astronómicos é mais antigo. Dispomos de uma tábua cuneiforme, representada na fig. 3, que contém a leitura — correta — da posição de Vénus no céu, estabelecida ao longo de vários anos durante o reinado de Amisaduca, por volta de 1600 a.C., portanto, mil anos antes de Anaximandro.

É oportuno determo-nos por um momento nesta astronomia antiga, porque ela tem um estreito vínculo com a ciência vindoura. Que significado tinham esses dados para os Babilónios? Porque é que eles os registavam? Porque se preocupavam eles com o céu?

Não é difícil responder a estas perguntas: a razão está explicitamente gravada nas inumeráveis[3] tábuas antigas de que dispomos. Por um lado, os homens aperceberam-se da existência de regularidades em certos fenómenos celestiais e fizeram uso desse conhecimento. Por outro lado, rapidamente procuraram estabelecer uma relação entre os fenómenos celestiais e os fenómenos humanos. Distingamos os dois aspetos.

O movimento relativo do Sol e das estrelas no céu era compreendido há séculos com uma clareza bem superior à de um mediano professor universitário hoje. Por exemplo, Hesíodo refere claramente o facto de que, para saber em que altura do ano é que estamos, ou seja, para saber a data, basta observar que constelação aparece no oriente ao amanhecer. Imagino que poucos professores universitários o saibam. O clima mediterrânico obriga o mundo rural a seguir, de forma bastante escrupulosa, os ritmos anuais, mas, num mundo sem calendário nem jornais, isso não é tarefa fácil. O céu e as estrelas oferecem uma solução simples para esses problemas; os homens só se aperceberam disso após séculos, e o saber que lhe corresponde é difuso. Assim, em *Os Trabalhos e os Dias*, Hesíodo escreve estas linhas tão belas:

> *E quando [...] o astro / Arcturo abandona a sagrada corrente do Oceano / e pela primeira vez se eleva e brilha ao anoitecer; / e, de seguida [...] a andorinha, de agudo pranto, salta / para a luz aos olhos dos homens, ao surgir de novo a primavera. / Antecipa-te a ela e poda as videiras, pois assim é melhor.[4]*

e

> *Quando Órion e Sirius atingirem o meio / do céu e a aurora de dedos róseos pode ver Arcturo, / Perses, colhe então todas as uvas e leva-as para*

---

[3] Centenas de milhares.

[4] Hesíodo, *Teogonia – Trabalhos e Dias* (trad. de Ana Elias Pinheiro e José Ribeiro Ferreira), Lisboa, Imprensa Nacional Casa da Moeda, pp. 113–114.

casa, / expõem-nas ao sol durante dez dias e durante dez noites, / deixa-as cinco à sombra e no sexto verte em vasilhas / os dons do jocundo Diónisos. Enfim, quando / as Plêiades, as Híades e a força de Órion / se escondem, lembra-te que começa agora, para as lavras, / a estação adequada. E que o ano seja propício aos campos.[5]

(Perses, ao qual se refere o poema, é o irmão de Hesíodo.)
E ainda:

> *Caso o desejo da perigosa navegação te tome: / na altura em que as Plêiades, ao fugir da força poderosa / de Órion, mergulham no mar sombrio, / enfurecem-se as rajadas de ventos contrários.*[6]

Em suma, para Hesíodo, é claro que, para saber o mês corrente, basta observar as estrelas: o aparecimento da estrela Arcturo no mar à noite (primavera), a posição da constelação de Órion e da estrela Sirius no zénite (início do outono), o crepúsculo definitivo da constelação das Plêiades (fim do outono, começo do inverno). Como está escrito no Génesis, os astros foram criados ao quarto dia «para que sirvam de sinais».

Hesíodo parece, por vezes, atribuir às próprias estrelas a *causa* das perceções dos homens, como nestes sublimes versos a respeito do calor do verão:

> *Quando o cardo floresce e a sonora cigarra, / pousada na árvore, espalha o melodioso canto, / pela fricção das asas, na penosa estação do calor, / nessa altura são mais gordas as cabras e o vinho melhor, / mais ardentes as mulheres e moles os homens; / Sirius abrasa-lhes a cabeça e os joelhos, / fica-lhes ressequida a pele pelo calor.*[7]

É difícil saber se esta atribuição da fraqueza dos homens à estrela Sirius deve ser lida no sentido literal ou se, aqui, Sirius se refere a nada mais do que ao próprio verão. A distinção não é provavelmente pertinente neste contexto: Hesíodo evoca o facto de que, *quando* Sirius está alta no

---

[5] *Idem*, pp. 115–116.
[6] *Idem*, p. 116.
[7] *Idem*, p. 114.

céu (ou seja, no verão), *então*, os homens são fracos, sem se preocuparem com qualquer teoria das causas. Podemos dizer: «O início da tarde dá-me sono», sem ter em consideração que a causa da nossa sonolência possa ser o almoço, e não a hora do dia.

Isto leva-nos à segunda, e mais importante, regra da astronomia antiga: o esforço de relacionar fenómenos celestes e fenómenos humanos. Quer se considere ou não a distinção entre influência causal e coincidência temporal, e quer essa distinção seja ou não significativa no século VI a.C., a questão da relação entre fenómenos celestes e factos humanos coloca--se desde a antiguidade mais remota. Voltando à Babilónia, é possível lermos, por exemplo, numa tábua suméria, dez séculos mais velha do que Anaximandro:

> *No décimo quinto dia do mês, Vénus desapareceu. Durante três dias permaneceu ausente do céu. Depois, no décimo oitavo dia do décimo primeiro mês reapareceu no leste. Surgiram novas nascentes, o deus Adad enviou a chuva, a deusa Ea enviou as suas inundações...*[8]

Esta apresentação conjunta de um evento celeste e de um evento terrestre é a forma quase universal dos textos cuneiformes relacionados com o céu de que dispomos. Eis, por exemplo, a tradução da tábua dita de «Enūma Anu Enlil», que interpreta o aspeto que o Sol tem no céu ao alvorecer:

> *Se, no mês de Nisannu [primeiro mês do calendário babilónico, por volta de março-abril], o Sol da alvorada aparecer salpicado de sangue, e se a luz for fria: então, a revolta não parará no país, e o deus Adad provocará um massacre.*

> *Se, no mês de Nisannu, o alvorecer aparecer aspergido de sangue: há batalhas no país.*

> *Se, no primeiro dia do mês de Nisannu, o alvorecer aparecer aspergido de sangue: haverá muita carência, e carne humana será comida.*

---

[8] Ao leitor que não o tenha presente, recordo que Vénus aparece no céu tanto a ocidente como a oriente, e, por vezes, não aparece de todo.

Se, no primeiro dia do mês de Nisannu, a alvorada aparecer salpicada de sangue, e se a luz for fria: o rei morrerá, e haverá lutas no país.

Se isso acontecer no segundo dia do mês de Nisannu: um outro oficial do rei morrerá, e as lutas irão continuar no país.

Se, no terceiro dia do mês de Nisannu, o alvorecer aparecer aspergido de sangue: haverá um eclipse.

Em *todos* os documentos babilónicos, torna-se evidente que o registo dos dados astronómicos, posição dos planetas e eclipses, está ligado à crença de que eles estão correlacionados com acontecimentos com interesse direto para a Humanidade, como guerras, inundações, a morte do soberano, etc.

Trata-se de uma crença que ainda hoje é mantida pela maioria dos seres humanos, mesmo nos países mais instruídos do planeta, inclusive em posições de grande responsabilidade; trata-se, evidentemente, de uma crença absolutamente errónea.

Na Babilónia compilam-se, pois, dados sobre o céu, procuram-se regularidades, relações entre os eventos celestes e os de interesse humano, bem como entre os próprios eventos celestes. Não é de excluir que na Babilónia, no tempo de Anaximandro, se saiba prever um eclipse com uma pequena margem de erro. Ou, pelo menos, no que diz respeito aos eclipses do Sol, prever os dias em que é *provável* que um eclipse ocorra. Verdade seja dita, essa não se trata de uma tarefa muito difícil, desde que estejamos atentos à regularidade, evidente, da repetição dos eclipses. Uma pessoa inteligente e interessada no problema, com estes dados à sua disposição, não pode evitar descobrir esta regularidade.[9] Do mestre de Anaximandro, Tales, os Gregos contam com admiração que previu um eclipse (do Sol) e que ninguém sabia como é que ele tinha feito semelhante coisa. É muito provável que Tales tenha, nalgum momento, frequentado a corte da Babilónia.

---

[9] A cada 18 anos, 11 dias e 8 horas, a Lua e o Sol encontram-se em posições relativas quase idênticas. A sequência dos eclipses repete-se quase invariavelmente após esse período, chamado «ciclo de Saros».

Uma outra função da astronomia antiga é bem ilustrada por eventos que se produzem, ao mesmo tempo, no outro lado do mundo. No século VI, é provável que já tivesse sido criado na China o famoso instituto de astronomia imperial. Segundo o *Shu Jing*, o «Livro da História», presumivelmente escrito por volta de 400 a.C., o início da astronomia chinesa remonta ao lendário imperador Yao (尧), que viveu mais de dois mil anos antes de Jesus Cristo. O *Shu Jing* relata que o imperador Yao:

> *... ordenou a Xi e a He que chegassem a acordo com o augusto Céu e com os fenómenos que lá sucedem, como o Sol, e as estrelas que marcam o tempo, e que respeitosamente estabelecessem as estações para o povo.*

Xi e He tinham cada um deles dois filhos, que foram enviados para os quatro cantos do mundo, cada um deles com a missão de identificar solstícios e equinócios. Por fim, o imperador volta-se de novo para Xi e para He:

> *Ó vós, Xi e He! O período é de três centenas de dias, e seis dúzias de dias, e seis dias. Que se intercalem, pois, meses, para corretamente fixar as estações e para completar o ano.*

O problema que está na origem da fundação do instituto e da atenção dada aos fenómenos astronómicos parece, portanto, ser um problema de calendário.[10]

---

[10] O problema do calendário atormentou todas as civilizações, desde os maias aos chineses, de Júlio César ao Papa Gregório. O problema é o seguinte. Uma maneira fácil de acompanhar a passagem dos dias é contando as luas, determinando o dia através da observação da fase da Lua. A lua cheia e a lua nova, bem como o quarto crescente e o quarto minguante, são facilmente identificáveis, pelo que resta apenas contar os dias entre uma fase e a seguinte, que são de sete em sete dias (aproximadamente), ou seja, uma semana. Mas há dois problemas. Em primeiro lugar, para os longos períodos da agricultura é o ciclo anual que é relevante; mas, ao contrário dos ciclos lunares, é difícil marcar o início e o fim do ciclo solar (essa foi a razão pela qual o imperador Yao teve de encarregar especialistas para fixar solstícios e equinócios). Depois, um mês não dura um número exato de dias, e um ano não dura um número exato de meses, nem um número exato de dias. São, portanto, necessários meses com mais dias do que outros, de forma a conservarem-se em sintonia com a Lua, o que implica ser impossível manter os meses e os anos em sintonia entre si, se desejamos conservá-los em sintonia com o Sol e com a Lua. A solução adotada pelo mundo moderno,

O século VI antes da nossa era

O desenvolvimento de um verdadeiro saber astronómico chinês é, no entanto, mais tardio, ocorrendo provavelmente na era Han, ou seja, dois séculos depois de Anaximandro, e, portanto, muito mais tarde do que o desenvolvimento homólogo da astronomia babilónica. Durante milénios, os astrónomos chineses dispuseram de métodos rudimentares para prever a posição dos planetas no céu e os eclipses. Embora o instituto de astronomia imperial chinês tenha existido, ininterruptamente, por mais de vinte séculos, embora tenha tido à sua disposição observações astronómicas recolhidas durante todos esses séculos, e tenha contado com as mais brilhantes mentes do império, selecionadas pelo mérito, graças a um sistema de exames rigorosos, os seus resultados estão longe de serem satisfatórios: no século XVII (há trezentos anos), o instituto tinha uma capacidade de previsão dos fenómenos celestes incomparavelmente inferior à do *Almagesto*, de Ptolomeu, escrito mais de mil e quinhentos anos antes, e ainda não tinha conseguido compreender que a Terra é redonda.

O que a astronomia chinesa nos ensina é que uma maior atenção aos fenómenos celestes, ainda que prolongada ao longo de séculos e inteiramente apoiada pelo poder político, não só não conduz necessariamente à ciência moderna (como aconteceu com Copérnico, Kepler, Galileu e Newton) como também não implica um desenvolvimento de uma teoria matemática preditiva eficaz e *precisa* (como a de Ptolomeu), nem possibilita um importante passo na compreensão da estrutura do mundo (como a de Anaximandro). Da mesma forma, o interesse das antigas civilizações mesopotâmicas pelos fenómenos celestes foi, sem dúvida, contínuo e sustentado, mas nunca foi além de uma compilação de dados muito imprecisos, sustentados por uma interpretação global, que os ligava aos acontecimentos terrestres, de uma forma completamente errónea.[11]

Além do problema do calendário, o ponto crucial é que a importância dada pelo poder imperial chinês à astronomia é motivada por questões de

---

com meses de extensão variável desligados das fases do Sol e da Lua, anos bissextos a cada quatro anos (menos um a cada cem anos, mais um a cada quatrocentos anos) e dias da semana independentes da data, é extremamente complicada, e só a quem já nasceu com ela é que poderá parecer razoável. Outras sociedades encontraram outras soluções, igualmente barrocas.

[11] Mais adiante abordarei o sentido preciso da palavra «erróneo» neste contexto, em particular no que se refere às questões colocadas pela consciência da relatividade cultural dos valores de verdade.

ordem ritual e ideológica. À semelhança dos Gregos e da Europa moderna, o «Céu» é, no confucionismo oficial, o lugar da divindade. O imperador é o *intermediário* entre o Céu e a Terra, aquele que garante e põe em prática a ordem do mundo, que é, ao mesmo tempo, ordem social e cósmica. Essa função, para Confúcio, é exercida mais pelos *ritos* do que pelo governo (da mesma forma que para a Igreja católica o rito da missa renova e sustenta a aliança entre Deus e os homens; ele põe o mundo em ordem, para os homens perdidos na confusão do quotidiano). O instituto de astronomia imperial tinha a tarefa crucial de estabilizar os tempos oficiais dos ritos, coordenando-os com os eventos do céu («chegar a acordo com o augusto Céu»).

Não quero sugerir que fossem necessariamente as mesmas motivações e o mesmo espírito aqueles que animavam os astrónomos babilónios — há grandes diferenças entre a China e a Babilónia. Mas estes exemplos provam que a astronomia pode ser entendida no quadro de um pensamento que nada tem que ver com o de Ptolomeu ou de Copérnico, ou, provavelmente, com o de Anaximandro.

3. Os deuses

Uma ideia geral do clima cultural da Grécia arcaica é-nos, por fim, facultada por Hesíodo, que escreve um século antes do nascimento de Anaximandro, e que deve, certamente, ter sido bastante conhecido em Mileto nesse tempo. O mundo de Hesíodo é um mundo profundamente humano, marcado pela dureza do trabalho agrícola e sustentado por uma moral franca e positiva. A sua obra é atravessada por interrogações sobre o sentido da Humanidade e sobre as dificuldades da vida (em *Os Trabalhos e os Dias*) e sobre o nascimento e a história do universo (na *Teogonia*), que pressagiam as grandes especulações dos séculos seguintes, oferecendo-lhes, porventura, temas, raízes, estruturas conceptuais.

As respostas propiciadas por Hesíodo, ainda que certamente um pouco mais complexas, são talhadas da mesma matéria das respostas que encontramos por todo o mundo, e em particular nos vales do Tigre e do Eufrates: uma matéria feita exclusivamente de deuses e de mitos.

Apenas um exemplo. Como é que nasceu o mundo e de que é feito? A resposta de Hesíodo, no início da *Teogonia*, é a seguinte:

O século VI antes da nossa era

O que primeiro existiu foi o Caos; e logo a seguir / a Terra de seio fecundo, eterna e segura mansão de todos / os Imortais, que habitam os píncaros do Olimpo coberto de neve. / E depois o Tártaro bolorento, no interior da Terra de caminhos amplos, / E Eros, o mais belo entre os deuses imortais, / que amolece os membros, e a todos os deuses e a todos os homens, / sujeita no peito o entendimento e a vontade consciente.[12]

[...]

A Terra gerou, em primeiro lugar, um ser de dimensão semelhante à sua, / o Céu, coberto de estrelas, para que a cobrisse, toda inteira, / e fosse dos deuses bem-aventurados a eterna e segura mansão. / E dela nasceram também as altas Montanhas, morada aprazível das deusas, / ninfas que habitam as montanhas recortadas. / E deu ainda à luz o mar estéril onde se encrespam as ondas, / Ponto. Todos eles nasceram sem intervenção do amor. Depois, / fecundada pelo Céu, deu à luz o Oceano de correntes profundas, / e Koios e Creio, e Hiperíon e Jápeto, / Teia e Reia, Témis e Mnemósine, / Febe, coroada de ouro, e a encantadora Tétis. / A seguir a estes, nasceu o mais novo, Cronos de pensamentos tortuosos, / o mais temível dos seus filhos e que odiou profundamente o seu progenitor.[13]

e assim por diante — soberbo.

Este relato da origem do mundo é muito semelhante a muitos outros relatos, presentes em todas as outras civilizações. Eis o início da criação do mundo segundo o *Enūma Eliš* («Quando no alto...»), tal como era dito no quarto dia da festa do ano novo babilónico (gravado em tábuas cuneiformes do século XII a.C., meio milénio antes de Hesíodo, encontradas no palácio de Assurbanípal, em Nínive):

Quando no alto o céu não tinha ainda nome,

E em baixo a terra firme não tinha nome,

---

[12] Hesíodo, *Teogonia – Trabalhos e Dias* (trad. de Ana Elias Pinheiro e José Ribeiro Ferreira), Lisboa, Imprensa Nacional Casa da Moeda, p. 44.

[13] *Idem*, pp. 44–45.

Somente Apsu (águas doces), o primeiro, o progenitor, e Tiamat (águas salgadas), progenitora que os gerará a todos,

Misturavam numa só todas as suas águas:

Nem pilhas de juncos se tinham ainda aglomerado,

Nem eram discerníveis canaviais.

Dos deuses, nenhum tinha ainda aparecido, nem eram eles chamados pelo nome, nem divididos os destinos.

Então, de Apsu e Tiamat, deuses das águas, na vasa precipitada, Lahmu e Laḥamu emergiram, e os seus nomes foram pronunciados. Mal tinham crescido, Anshar e Kishar nasceram deles, superando-os.

O céu e a terra afastaram-se, lá, onde os horizontes estavam reunidos, a fim de separar a nuvem da vasa.

Passaram longos dias, adicionaram anos aos anos, até que Anu, o céu vazio, o seu filho primogénito, veio rivalizar com os seus ancestrais.

e assim por diante, em centenas de versos. A consonância com os versos de Hesíodo é evidente. De todos os textos que chegaram até nós, é exclusivamente através destes *mitos* que o pensamento confere uma ordem ao mundo. E é ao poder dos deuses, ou, pelo menos, ao poder de entidades sobrenaturais, que o Homem atribui a responsabilidade dos acontecimentos do mundo.

As histórias dos deuses enchem quase por completo os textos antigos. Elas estruturam a descrição do mundo, atuando em todas as grandes narrativas como autênticas personagens; servem de fundamento à justificação do poder monárquico, identificam-se com ele, são constantemente invocadas nas decisões individuais e coletivas; são, por último, os garantes da lei.[14]

---

[14] Por exemplo, no código de Hamurabi, acima mencionado, o texto é introduzido pelo próprio Hamurabi, explicando que a lei lhe foi dada pelo deus Marduque, da mesma forma que a lei hebraica foi dada a Moisés por Jeová.

Esta centralidade do divino é comum a todas as civilizações antigas. Os deuses, ou o divino, desempenham um papel absolutamente fundador para a própria civilização, pelo menos de acordo com os vestígios escritos de que dispomos.

Porquê? Como é que a Humanidade criou e compartilhou essa estranha estrutura de pensamento, em que os deuses desempenham um papel tão crucial? Quando? Essas são questões centrais para compreender o que é a civilização — questões às quais estamos longe de poder responder. Não obstante isso, a centralidade e a universalidade dos deuses do politeísmo como elementos fundadores do pensamento antigo e da explicação do mundo está fora de questão.[15] Quando Anaximandro nasce, o fundamento de todo o saber é procurado em exclusivo no mito e no divino.

4. Mileto

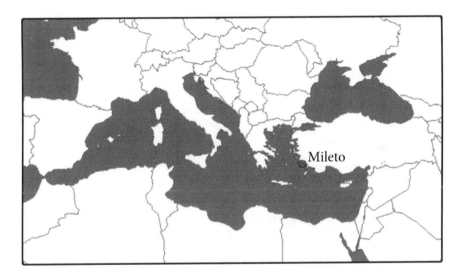

A atmosfera que reina nas jovens cidades da civilização grega recém-nascida, em plena expansão geográfica, económica, comercial e política, é certamente muito diferente daquela que se respira na Babilónia, em Jerusalém ou no Egito. Todas as formas de expressão dessa jovem cultura testemunham a sua singularidade. É o caso, por exemplo, da escultura

---

[15] Consultar, por exemplo, Bottéro, Herrenschmidt e Vernant (1996).

jónica: aqui revela-se já a diversidade e o naturalismo que preludiam a arte clássica grega.

Fig. 4: «Kouros de Anavyssos», estátua em mármore em tamanho natural, esculpida provavelmente durante o período de vida de Anaximandro (Museu Arqueológico de Atenas).

Mais flagrante ainda, os primeiros poemas líricos são de uma extrema novidade:

*Igual aos deuses me parece
homem que, sentado à minha frente e próximo,
a tua doce voz escuta e o teu
riso amorável. Isso me faz*

*tumultuar o coração no peito. Ver-te
me basta, na verdade, para que
a voz me falte, a língua
se me fenda e um repentino*

*fogo subtil alastre
sob a minha pele, os olhos
se me escureçam, ou ouvidos
me zumbam, o suor*

me inunde, um arrepio
me percorra toda. Fico
mais verde do que a erva. Sinto
que vou morrer...[16]/[17]

(*A uma mulher amada*, Safo)

Tão belo.

Mas, sobretudo, o mundo grego singulariza-se por uma estrutura *política* radicalmente nova. Enquanto o resto do planeta se afadiga a procurar a estabilidade, organizando-se em grandes reinos e impérios, seguindo o exemplo do milenar reino dos faraós, a Grécia permanece fragmentada em cidades, cada uma delas defendendo orgulhosamente, ciosamente, a sua independência. Longe de ser uma fonte de fraqueza, esta fragmentação está no centro do extraordinário dinamismo cultural que fará o enorme sucesso, sobretudo político, da civilização grega.[18]

---

[16] *Três momentos da poesia europeia (De Safo e Píndaro a Ungaretti e Salinas)* (trad. de Albano Martins), Porto, Edições Afrontamento, 2012, p. 27.

[17] Pelo facto de ocorrerem algumas discrepâncias com a tradução para francês de Ernest Falconnet, deixamos aqui uma outra versão. [N. do T.]

«Parece-me semelhante aos deuses aquele que, sentado ao teu lado, docemente, escuta as tuas arrebatadoras palavras, e vê quando lhe sorris; eis o que me transtorna até ao fundo da alma.

Assim que te vejo, a voz falha-me nos lábios, a minha língua queda presa, uma subtil chama corre em todas as minhas veias, os meus ouvidos tinem, um suor frio inunda-me, todo o meu corpo se arrepia, torno-me mais pálida do que a erva seca, fico sem fôlego, parece que estou quase a expirar.

Mas é preciso tudo ousar, porque se preciso for...»

[18] Será provavelmente este o esquema que se repetirá na Europa tardomedieval e na Europa da Idade Moderna: enquanto as outras civilizações levam até ao fim um processo de união política e de estabilização imperial, a falência desse processo na Europa é responsável por um diferencial de crescimento que determinará, em última análise, o sucesso militar, cultural e político da Europa.

Fig. 5: A expansão grega e fenícia em meados do século VI.

Para situar o pensamento de Anaximandro no seu contexto cultural, é preciso imaginá-lo a desenvolver-se não na rica e eficaz burocracia dos escribas egípcios, não nos arcanos da corte da antiga Babilónia, mas sim numa florescente pequena cidade portuária jónica, de onde partem e onde chegam continuamente navios de comércio. Onde cada habitante da cidade se sente, sem dúvida, mais senhor do seu destino e do destino da sua cidade do que um anónimo sujeito do faraó.

A Jónia é uma pequena região na costa da Ásia Menor, formada por uma dúzia de cidades, aberta para o mar e protegida por uma costa rochosa, recortada e abrupta. É aqui, nesta pequena faixa de terra, muito pouco conhecida e relativamente secundária na história do mundo, que surge o primeiro pensamento crítico. É aqui que nasce o livre espírito de investigação que se tornará a marca distintiva do pensamento grego e, mais tarde, do mundo moderno. A civilização humana tem para com esta terra uma dívida que, se calhar, é ainda maior do que a que tem para com o Egito, a Babilónia ou Atenas (Shotwell, 1922).

Encostada à Jónia, nas terras da Ásia Menor, encontra-se o rico reino da Lídia, que algumas décadas antes havia cunhado a primeira moeda da história. Aliátes II, rei da Lídia, sobe ao trono no ano do nascimento de Anaximandro e continua a guerra contra Mileto, iniciada por seu pai, Sadiates. Porém, a sua atenção desvia-se rapidamente para se concentrar nas hostilidades com a Babilónia e com o Reino Medo, que o pressiona a Sudeste. Assina então o armistício com Mileto e deixa a cidade em paz. O túmulo de Sadiates ainda existe, localizando-se no planalto que se situa entre o lago Gyges e o Rio Hermus, a norte de Sardes: um grande cômoro de terra encimando uma estrutura de enormes blocos de pedra; no topo, grandes falos de pedra.

As cidades jónicas são povoadas por gregos, chegados de diversas regiões da Grécia muitos anos antes, talvez um ou dois séculos após a Guerra de Troia, miscigenados com a população autóctone. As cidades são independentes, mas estão unidas por uma aliança, a Liga Jónica, com um carácter principalmente cultural e religioso. Os representantes da Liga reúnem-se no *Panionium*, um santuário dedicado a Poseidon Helikonios. Os vestígios arqueológicos deste santuário só muito recentemente foram trazidos à luz (2005), nas encostas do monte Mícale. Posto avançado grego na terra dos grandes impérios antigos do Sul, a Jónia é conhecida pela sua riqueza e fertilidade.

Além dos seus preciosos produtos locais, como o azeite das oliveiras que ainda hoje crescem sobre as ruínas de Mileto, a fonte da sua riqueza é o comércio. Em primeiro lugar, com o Norte, com o Mar Negro: a Jónia controla a rota de trânsito que, séculos antes, fez a prosperidade de Troia, e cuja conquista tanto sofrimento trouxe aos Gregos. E, depois, com a Ásia, graças às caravanas que atravessam a Ásia Menor, para se juntarem aos mercadores assírios. A Jónia é o eixo entre o Ocidente e o Oriente. E, por fim, com o Sul, de onde chegam os navios fenícios, com os quais os Gregos aprenderam a escrever. Uma cidade grega tem, em geral, um número substancial de escravos, uma economia mista — agrícola, artesanal e comercial — e cidadãos livres, que pegam em armas em caso de necessidade. A mais próspera e a mais meridional dessas cidades, isto é, a mais próxima das grandes civilizações do Sul, é Mileto. Heródoto batiza-a de «a joia da Jónia» (*Histórias* V, 28).

Mileto é bem mais antiga do que a sua colonização grega. A cidade é mencionada sob o nome de *Millawanda* nos anais hititas de Mursil II, onde se diz que, em 1320 a.C., a cidade foi solidária com a rebelião de Uhha-Ziti de Arzaua e que, em represália, Mursil ordenou aos seus generais Mala-Ziti e Gulla que a arrasassem. Os vestígios dessa destruição foram revelados pela arqueologia moderna. Mileto foi depois fortificada pelos Hititas, provavelmente para defesa contra os ataques gregos, mas foi de novo destruída, por diversas vezes e por diversos invasores.

Heródoto conta que a Mileto grega foi fundada por volta de 1050 a.C. por Neleu, o filho mais novo do rei de Atenas, Codro. Neleu e os seus homens mataram os nativos e tomaram as suas mulheres como esposas. Mas no final do século VIII, a monarquia de Mileto está a chegar ao fim, na sequência de uma disputa entre dois descendentes da casa real de Neleu, Anfíteo e Léodamos. Anfíteo manda assassinar Léodamos e toma o poder pela força. O filho exilado de Léodamos regressa com um grupo de companheiros, encontra Anfíteo e mata-o. Mas quando a paz é finalmente restabelecida, a monarquia havia perdido a sua autoridade. Os habitantes da cidade elegem um legislador, o «ditador temporário», Épimeno. A cidade é então governada por uma «pritania», magistratura oligárquica eletiva, que muitas vezes desemboca em tirania.

Mileto é, portanto, o palco de um processo político complexo, que faz lembrar o de Atenas ou o de Roma, este mais tardio e bastante conhecido: o rei é afastado por uma aristocracia que, por sua vez, é posta em apuros por uma classe de comerciantes ricos, que desempenham um papel de mediação entre a aristocracia e o mundo artesão e rural. Seguem-se então longas lutas políticas, dominadas pelo conflito entre o partido «dos ricos» (Πλουτις) e o partido «dos trabalhadores» (Χειρομαχα).

Esta complexidade política é a característica que mais profundamente diferencia a nova cultura grega dos reinos orientais, e reside certamente no coração da revolução intelectual, na qual ela é o teatro. Em 630, 20 anos antes do nascimento de Anaximandro, o poder é açambarcado, provavelmente com o apoio popular, por Trasíbulo, que desempenhará um importante papel na história da cidade, levando-a ao auge do seu poder.

Aquando do nascimento de Anaximandro, no início do século VI, Mileto é uma cidade próspera. É um dos mais importantes portos comerciais do mundo grego, provavelmente o mais importante, e a cidade grega mais populosa da Ásia, com talvez uma centena de milhares de habitantes. Domina um pequeno mas estratégico império marítimo, formado por dezenas de colónias, distribuídas principalmente pelas costas do Mar Negro.

O século VI antes da nossa era

Plínio, *o Velho*, menciona 90 colónias fundadas por Mileto. Encontramos igualmente colónias jónicas em Itália e na atual França. A cidade comercializa trigo, proveniente das suas colónias citas (Ucrânia), madeira para construção, peixe salgado, ferro, chumbo, prata, ouro, lã, linho, ocre, sal, especiarias, peles. Oriundas de Náucratis, as caravanas do Egito e do Médio Oriente trazem sal, papiro, marfim e perfumes. Mileto produz e exporta terracota, armas, azeite, móveis, tecidos, peixe, figos, vinho. As fazendas milésicas, em particular, são muito famosas.

A escala comercial de Náucratis, no Egito, é fundada em meados de 620, ou seja, uma dezena de anos antes do nascimento de Anaximandro. Na verdade, não faltam pontos de contacto culturais com a antiga civilização egípcia. A influência do Egito faz-se sentir nomeadamente na arquitetura: os primeiros grandes templos gregos datam desta época e têm uma inspiração egípcia direta, tanto no plano técnico como no estilístico (Naddaf, 2003).

Colónias e rotas comerciais são não só fontes de riqueza como também de encontros com povos diferentes, de descobertas de ideias e de opiniões diferentes. Mileto está em contacto económico e cultural com o conjunto do mundo mediterrâneo e com todo o Médio Oriente. Com o desenvolvimento da economia, é também a visão do mundo que se alarga (Lloyd, 1979; Naddaf, 2003).

Mileto é, assim, rica, livre, capaz de se defender sozinha contra a ameaça lídia. É provavelmente a cidade grega mais exposta às influências culturais do Sul. Mas, ao contrário das grandes cidades da Mesopotâmia e do Egito, em Mileto não existia um palácio real, nem uma poderosa casta sacerdotal. Os habitantes de Mileto são livres, no centro de uma cultura cosmopolita, de uma efervescente atividade económica e, sobretudo, são testemunhas de uma extraordinária fertilidade artística, política e cultural. Em suma, Mileto é o coração do «primeiro verdadeiro humanismo» (Farrington, 1978).

✳

Alguns meses antes de morrer, Anaximandro vê Mileto cair sob o domínio do grande Império Persa, cuja expansão é facilitada pela queda do Império Assírio. Pouco depois, em 494, na sequência de uma tentativa falhada de rebelião contra o império, a cidade é saqueada e completamente arrasada pelos Persas, que escravizam e deportam para o Golfo Pérsico a maioria dos seus habitantes. É o fim do primado cultural milésico na Grécia Antiga.

Fig. 6: Mileto: o teatro.

Fig. 7: A porta do mercado de Mileto no Museu de Pérgamo, em Berlim.

O século VI antes da nossa era

Mas já em meados do século V, a cidade grega renasceu das cinzas, reconstruída pelo grande arquiteto Hipódamo, o genial pai do urbanismo. É deste período, o século seguinte ao de Anaximandro, que datam os mais antigos vestígios arqueológicos que hoje podemos admirar, como o esplêndido teatro de Mileto (depois ampliado na época romana) (fig. 6).

A famosa porta do mercado de Mileto (fig. 7), transportada, em 1907, para o Museu de Pérgamo, em Berlim, e reconstruída no próprio museu, em 1928, é muito mais tardia, da época romana, e dá testemunho do esplendor reencontrado pela cidade sob a égide do império.

Anaximandro é certamente um cidadão importante em Mileto. Uma fonte (Aelius) refere que ele está à frente da colónia milésica de Anfípolis. Pouco tempo antes havia vivido Tales, conhecido na tradição grega como um dos «Sete Sábios». Seria absurdo imaginar que eles não se conhecessem. Mas não é certo que possamos falar de uma escola: não sabemos como é que, em Mileto, se efetuavam a transmissão e a difusão do saber.

Fig. 8: Taça espartana do século VI, atribuída ao pintor do rei, Arquesilas II. Alguns autores quiseram ler nesse objeto a influência do pensamento de Anaximandro: a Terra tem a forma de uma coluna, e o céu, carregado por Atlas, envolve a Terra. A outra personagem é Prometeu (Museu do Vaticano).

As fontes antigas falam de uma viagem de Anaximandro a Esparta, onde ele teria construído um meridiano para determinar solstícios e equinócios. Cícero conta também que, em Esparta, Anaximandro teria salvado inúmeras vidas ao prever um terramoto. A história parece improvável, mas as informações de que dispomos descrevem um viajante célebre e estimado. Vários autores referem que ele viajou para o Egito atravessando Náucratis.

Não subsiste nenhuma descrição física de Anaximandro, a não ser uma breve alusão de Diógenes Laércio, que narra que Empédocles procurava imitá-lo adotando modos solenes e teatrais.

Seguramente que Anaximandro deve ter tido à sua disposição textos escritos, uma vez que ele decide registar as suas reflexões num livro. Mas da sua vida, do seu carácter, da sua aparência, das suas leituras, das suas viagens, não sabemos, infelizmente, quase nada.

Mas o que é que isso importa? É o seu pensamento que nos interessa. E é aquilo que dele sabemos que procurarei sintetizar no próximo capítulo.

II.

As contribuições de Anaximandro

Anaximandro escreveu um livro em prosa, conhecido sob o título de Περί φύσεως, *Sobre a Natureza*. Desse texto, desafortunadamente perdido, não restou senão um fragmento, citado por Simplício da Cilícia («Comentário sobre a Física de Aristóteles», 24, 13):

ἐξ ὧν δὲ ἡ γένεσίς ἐστι τοῖς οὖσι, καὶ τὴν φθορὰν εἰς ταῦτα γίνεσθαι
κατὰ τὸ χρεών
διδόναι γὰρ αὐτὰ δίκην καὶ τίσιν ἀλλήλοις τῆς ἀδικίας
κατὰ τὴν τοῦ χρόνου τάξιν.

A tradução deste fragmento, controversa, poderia ser:

Todas as coisas têm raízes umas nas outras
e perecem umas nas outras,
segundo a necessidade.
Todas elas fazem justiça umas às outras,
e recompensam-se da injustiça,
de acordo com a ordem do tempo.

Muitas páginas foram escritas a respeito destas palavras obscuras, e é verdade que elas instigam a imaginação. Todavia, extraídas do seu contexto, é difícil retirar delas uma interpretação minimamente objetiva. É preciso procurar a substância do pensamento de Anaximandro noutro lugar.

Felizmente, as fontes gregas sobre o conteúdo do texto de Anaximandro são inúmeras, ainda que a maior parte seja tardia e indireta, e nem sempre fiável. Uma das fontes mais ricas é Aristóteles, que discute abundantemente as ideias de Anaximandro, e que escreve apenas dois séculos depois dele. É muito provável que Aristóteles possuísse o livro de Anaximandro na sua famosa biblioteca. O seu pensamento é, por conseguinte, apresentado, com grande detalhe, na história da filosofia de Teofrasto, o discípulo e sucessor de Aristóteles à frente da escola peripatética. Também a obra de Teofrasto se encontra perdida, mas ela é amplamente evocada por fontes mais tardias que chegaram até nós, como a obra de Simplício, filósofo que viveu entre Alexandria e Atenas no século VI. Mais de mil anos separam, portanto, Simplício de Anaximandro...

O trabalho de reconstrução do pensamento de Anaximandro a partir de tais fontes, numerosas, mas tardias e discrepantes, é um *puzzle* fascinante. Os procedimentos utilizados para desenrolar e decifrar os rolos deteriorados que os arqueólogos encontram nas antigas bibliotecas romanas são cada vez mais eficazes, bem como as técnicas de leitura por raios-X das ligaduras das múmias egípcias, que os sacerdotes funerários muitas vezes executavam rasgando cópias de livros. Enquanto esperamos que uma delas nos revele o texto de Teofrasto, ou mesmo o de Anaximandro[19], é a essa reconstrução que devemos dedicar-nos.

Sem entrar nos detalhes dessa complexa arte, procedo neste capítulo ao resumo de algumas das principais ideias que, à luz das reconstruções que se me afiguram mais fiáveis (Kahn, 1960; Conche, 1991; Couprie, 2003; Graham, 2006), parecem remontar a Anaximandro.[20]

1. Os fenómenos meteorológicos têm causas naturais. A água da chuva é a água do mar e dos rios evaporada sob o efeito do calor do Sol; ela é transportada pelos ventos; e, por fim, cai sobre a terra. O trovão e o relâmpago são provocados pelo choque violento de nuvens, os tremores de terra pelas fraturas da terra causadas por um calor muito intenso ou por um excesso de chuva.

---

[19] Isto não é, de todo, implausível. O nome de Anaximandro aparece no catálogo de autores representados numa biblioteca romana recentemente descoberta em Taormina (Blanck, 1997).

[20] Assumo uma posição intermédia entre a postura mais rigorosa, aquela que consiste em atribuir-lhe unicamente as ideias que, com segurança, podemos traçar até ele, e uma mais generosa, que consiste em atribuir-lhe todas as ideias que o mundo antigo reconhecesse como dele.

2. A Terra é um corpo de dimensão finita que flutua no espaço. Não cai porque não tem uma direção em particular para onde cair, ela não é «dominada por nenhum outro corpo».

3. O Sol, a Lua e as estrelas giram em torno da Terra realizando círculos completos. São movidos por enormes rodas, semelhantes às «rodas de carroças» (fig. 9). Essas rodas são ocas (como as rodas de bicicleta), cheias de fogo, e têm orifícios no seu raio interno: os astros não são nada mais do que esse fogo, visto através desses orifícios. As rodas servem, sem dúvida, para explicar porque é que os astros não caem. As estrelas estão nos círculos mais próximos, a Lua num círculo intermédio e o Sol no círculo mais longínquo, a distâncias respetivamente proporcionais aos números 9, 18 e 27.[21]

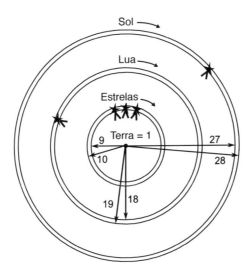

Fig. 9: Reconstrução da cosmologia de Anaximandro.

---

[21] Couprie (1995) formula a hipótese segundo a qual estes números não seriam senão expressões para dizer «muito longe», «ainda mais longe» e «extremamente longe». Outros procuraram interpretá-los como medidas arbitrárias que descrevem concretamente um modelo mecânico, como se disséssemos «imaginemos a Lua num grande círculo, e o Sol num círculo *duas* vezes maior», para dizer «num outro círculo, *maior*».

4. A multiplicidade das coisas que formam a natureza deriva de uma origem, ou «princípio», único, chamado *ápeiron* (ἄπείρων), que significa «ilimitado, indefinido ou indeterminado».

5. A transformação das coisas umas nas outras é regulada pela «necessidade». Esta determina a implantação dos fenómenos no tempo.

6. O mundo nasceu quando do *ápeiron* se separaram o quente e o frio. Foi isso que gerou a ordem do mundo. Uma espécie de bola de fogo cresceu em redor do ar e da terra «como a casca de uma árvore». Em seguida, esta partiu-se, permanecendo confinada aos círculos que formam o Sol, a Lua e as estrelas. Inicialmente, a terra estava coberta de água, secando progressivamente.

7. Todos os animais viviam originalmente no mar, ou na água que cobria a terra no passado. Os primeiros animais eram, portanto, peixes, ou uma espécie de peixes. Depois conquistaram terra firme, quando esta secou, e adaptaram-se a esse novo meio. Os homens, em particular, não podem ter aparecido na sua forma atual, porque os recém-nascidos não são autossuficientes, o que implica que outra pessoa tivesse de os alimentar. Eles derivam, pois, de outros animais, com a forma de peixes.

A isto podemos acrescentar os seguintes pontos:

8. Anaximandro elabora o primeiro mapa geográfico do mundo conhecido (fig. 10). Na geração seguinte, esse mapa é aperfeiçoado por um seu conterrâneo, Hecateu, que servirá de base a todos os mapas antigos.

9. Anaximandro escreve o primeiro livro em prosa sobre os fenómenos naturais. As anteriores obras sobre a origem e a estrutura do mundo (como a *Teogonia*, de Hesíodo) são todas escritas em verso.

10. Tradicionalmente, atribui-se a Anaximandro a introdução no mundo grego do uso do *gnómon*. O *gnómon* é, essencialmente, uma vara plantada na terra, em posição vertical, a partir da qual medimos o comprimento da sombra para estimar a altura do Sol no horizonte. Com este instrumento, podemos desenvolver já uma astronomia complexa dos movimentos do Sol.

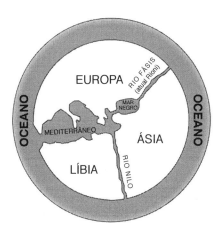

Fig. 10: Reconstrução hipotética do mapa do mundo de Anaximandro.

Alguns autores atribuem-lhe a primeira medida do plano da eclíptica. A ideia é plausível, se admitirmos, como parece ser o caso, que ele fez um uso sistemático do *gnómon* — o plano da eclíptica é, de facto, a primeira quantidade natural passível de ser mensurada com um *gnómon*.[22]

Fig. 11: *Gnómon* do século XVIII, Pequim.

---

[22] Esta última atribuição é controversa (Kahn, 1970).

O quadro de pensamento no qual se inserem estas ideias é difícil de estabelecer. Gérard Nattaf (2003) sugere que o objetivo geral de Anaximandro é o de reconstruir e explicar a história da ordem das coisas, tanto naturais como sociais, desde a origem ao tempo presente, numa perspetiva racional e naturalista. Naddaf constata que esse é o objetivo dos mitos cosmogónicos. Anaximandro inclui-se nessa tradição, renovando profundamente o seu método, desenvolvendo a nova perspetiva naturalista.

Seja qual for o motivo que animou as investigações de Anaximandro, é evidente que não podemos equiparar o conjunto das suas ideias e dos seus resultados a um *corpus* científico completo no sentido da ciência moderna. Alguns aspetos essenciais daquilo a que hoje chamamos «ciência» não estão presentes. Basta citarmos dois dos principais:

A pesquisa das *leis matemáticas* subjacentes aos fenómenos naturais está totalmente ausente. Essa ideia aparecerá na geração seguinte, na escola pitagórica, e será desenvolvida nos séculos seguintes, até aos grandiosos resultados da ciência alexandrina, em particular essa catedral da física matemática que é a astronomia de Hiparco e Ptolomeu.

Igualmente ausente está a ideia de *experiência*, no sentido de construções de situações físicas artificiais, adaptadas a observações e medidas pertinentes para compreender a natureza. Será preciso esperar pelos trabalhos de Galileu, dois mil anos mais tarde, para ver uma maturada realização dessa ideia — que será uma das pedras angulares do grande florescimento da ciência europeia.

Poderíamos prolongar esta enumeração das diferenças entre o pensamento de Anaximandro e o pensamento científico moderno: Anaximandro é arcaico em mais do que um aspeto.

No entanto, o seu arcaísmo não nos deve ocultar o alcance, profundamente inovador, da sua abordagem — e a sua grande influência no ulterior desenvolvimento da ciência. É meu objetivo, na continuação deste ensaio, esclarecer esta afirmação. Para isso, precisarei de examinar mais pormenorizadamente as suas contribuições e o seu significado — tal como elas se afiguram não ao historiador da cultura grega arcaica mas sim ao cientista de hoje.

III.

Os fenómenos atmosféricos

Antes de abordar o tema principal da *cosmologia* de Anaximandro, ou o tema, subtil, da natureza do *ápeiron*, quero debruçar-me sobre um aspeto do seu pensamento muitas vezes considerado marginal, mas que, pelo contrário, é de uma importância central: a sua leitura dos fenómenos atmosféricos em termos naturalistas.

Sabemos por Hipólito que:

> *[Anaximandro sustenta que] a chuva provém do vapor que sobe da terra por efeito do Sol.*

e através de Aécio e Séneca que:

> *[Trovões, relâmpagos, raios, furacões e tufões:] para Anaximandro, todos esses fenómenos se devem ao vento.*

E o que é o vento? Ainda segundo Aécio:

> *Para Anaximandro, o vento é um fluxo de ar cujas partes mais finas e mais húmidas são postas em movimento e misturadas sob a ação do Sol.*

Amiano Marcelino, por sua vez, relata-nos a explicação dos tremores de terra[23]:

> *Pela sua parte, Anaximandro alega que são os ventos que se engolfam nessas grandes rachas ou fendas que entreabrem o solo na sequência*

---

[23] Tradução de Charles Nisard, no original.

de um verão muito quente ou de chuvas contínuas, e que, de seguida, o abalam nas suas bases; o que explicaria a habitual coincidência desses terríveis fenómenos com um período de seca ou de humidade excessiva.

E assim por diante, em numerosas outras fontes.

Se colocarmos estas ideias no contexto geral da cultura grega, podemos observar uma confirmação da atenção dada pelo mundo grego aos fenómenos atmosféricos, expressa já nas narrativas religiosas. Se as lermos à luz dos conhecimentos contemporâneos, marcados por uma completa consciência da natureza *física* dos fenómenos meteorológicos, estas ideias parecem-nos ingénuas tentativas de explicar certos fenómenos, por vezes erradas (os terramotos não ocorrem quando chove muito, ou quando faz muito calor), por vezes surpreendentemente corretas (a origem da chuva é efetivamente a evaporação da água do mar).

Essas duas leituras são igualmente míopes, porque não veem o seguinte facto crucial. Em todos os textos anteriores a Anaximandro de que dispomos, gregos e não gregos, os fenómenos naturais como a chuva, o trovão, os tremores de terra e o vento são *sempre* explicados em termos *exclusivamente* místicos e religiosos, como tantas outras manifestações de forças incompreensíveis, atribuídas a seres divinos.

A chuva vem de Zeus, o vento de Éolo, as ondas são provocadas por Poseidon. Antes do século vi, não encontramos nenhum sinal de que tenha havido qualquer tentativa de explicar como é que esses fenómenos resultam de causas naturais, sendo independentes da vontade dos deuses.

A uma dada altura da história da Humanidade nasce a ideia de que é possível compreender esses fenómenos, as suas relações, as suas causas, as suas circunstâncias, *sem* recorrer aos caprichos dos deuses. Essa reviravolta acontece no pensamento grego do século vi, e a sua primazia é quase unanimemente atribuída pelos Ancestrais a Anaximandro de Mileto.

Essa transformação intelectual é subestimada por duas razões.

Por um lado, e ainda que os autores antigos se refiram exaustivamente, e com alguma fidelidade, às ideias de Anaximandro, a explicação naturalista dos fenómenos permanece muito imprecisa na cultura antiga. A ciência grega alcança um êxito notável graças à sua análise dos fenómenos astronómicos, como o movimento do Sol, da Lua e dos planetas, esclarecendo ainda, em pormenor, a estática e a ótica, lançando as bases da medicina científica, etc. Mas quando se trata de dar explicações sólidas para fenómenos físicos complexos, como os fenómenos meteorológicos[24], ela permanece bastante impotente. É por isso que os autores antigos consideram a proposta naturalista de Anaximandro uma *hipótese* plausível, e não uma *solução* credível e consensual para compreender esses fenómenos. Esse facto é já evidente à luz dos trechos citados: nenhum deles diz, por exemplo, que «Anaximandro compreendeu que» a água da chuva provém da evaporação da água que existe na terra, mas sim que «Anaximandro sustenta que». Por outras palavras, a antiguidade não determinou categoricamente se a proposta naturalista de Anaximandro era ou não eficaz.

Em contrapartida, atualmente, os comentadores de Anaximandro consideram, regra geral, perfeitamente *evidente* a relação entre os fenómenos atmosféricos e as suas causas naturais, de tal forma que não realçam de todo, ou, se o fazem, é de passagem, o gigantesco salto conceptual que subjaz a esta hipótese.

Na religião grega, o céu é o lugar privilegiado do divino, e os fenómenos meteorológicos são naturalmente interpretados como a expressão dos deuses (Kahn, 1960). O raio é atribuído ao pai dos deuses, Zeus. Poseidon desencadeia os tremores de terra. Na tradição grega, a imprevisibilidade dos fenómenos meteorológicos é o exato reflexo da liberdade dos deuses. A procura de uma interpretação *naturalista* desses fenómenos, na qual os deuses não desempenham qualquer papel, é uma rutura considerável face à leitura religiosa do mundo.

Em *As Nuvens*, Aristófanes demonstra que, dois séculos mais tarde, a explicação naturalista do trovão e do relâmpago proposta por Anaximandro é ainda entendida como uma blasfémia contra Zeus:

ESTREPSÍADES: *E eu que dantes cuidava que [a chuva] era mesmo Zeus a mijar por um regador!... Mas... Explica-me mais uma coisa: quem é que troveja que até me põe assim com o rabinho tefe-tefe?*[25]

SÓCRATES: *Os trovões são elas a rebolarem-se.*

ESTREPSÍADES: *Mas como é isso, criatura destemida?*

---

[24] Consultar Russo (2003) a respeito das marés.

[25] Aristófanes, *As Nuvens* (trad. de Custódio Magueijo), Lisboa, Editorial Inquérito, Lda., 1984, pp. 44–46.

SÓCRATES: *Ao encherem-se abundantemente de água, são forçadas, por via disso, a deslocar-se. Ora, assim cheias de chuva, necessariamente ficam penduradas para baixo; vai daí, mais pesadas, caem umas sobre as outras, rebentam e estalam.*

ESTREPSÍADES: *E quem é que as faz mover? Não é Zeus?*

SÓCRATES: *Nada disso... É o Tornado etéreo.*

ESTREPSÍADES: *O Tornado? Ora aí está uma coisa que nunca me tinha passado pela cabeça: que Zeus não existe e que agora, em vez dele, reina o Tornado...*

A comédia encerra com a tareia aplicada a Sócrates e aos seus amigos, acusados de blasfémia e de corrupção da juventude:

ESTREPSÍADES: *É assim mesmo: tinham alguma coisa que ofender os deuses e investigar a sagrada sede da Lua? (A Xântias) Vai-te a eles, força, chega-lhes nesses lombos, que não faltam os motivos, mas em primeiro lugar porque — sabes muito bem — não faziam senão ofender os deuses.*[26]

A comédia de Aristófanes é divertida, e conta-se que Sócrates (o verdadeiro), no final da primeira representação, se levantou para, cordialmente, saudar a assembleia; e Platão, em *O Banquete*, descreve Sócrates e Aristófanes partilhando fraternalmente a refeição. Mas 20 anos mais tarde, Sócrates é chamado ao tribunal de Atenas e condenado à morte, sob a acusação de que os seus ensinamentos corrompem a juventude e de que não reconhece os deuses da cidade — precisamente as acusações usadas por Aristófanes na sua comédia. O crime é o de pensar, tal como Anaximandro, que os fenómenos atmosféricos podem ser entendidos como factos naturais, sem referência aos deuses.

Para um Grego devoto, a ideia de que a chuva era causada pelos movimentos do vento e pelo calor do Sol, sem qualquer intervenção de Zeus, era provavelmente tão desconcertante como é, para um católico devoto de

---

[26] *Idem*, p. 130.

hoje, a ideia de que a alma não é nada mais do que o resultado de interações entre átomos. Mas com uma diferença: o católico de hoje opõe-se a um naturalismo velho de vinte e seis séculos, ao passo que Anaximandro, tanto quanto sabemos, é o *primeiro* a propor essa leitura naturalista do mundo. Nos capítulos finais, voltarei ao enorme alcance histórico dessa proposta.

O naturalismo cosmológico e biológico

A proposta naturalista de Anaximandro vai muito para lá dos meros fenómenos meteorológicos. Para apreciar todas as suas implicações, vale a pena comparar a descrição da origem do mundo dada por Hesíodo, exposta no primeiro capítulo, com a de Anaximandro, resumida no ponto (6) do capítulo anterior. Um rigoroso cotejo dessas duas cosmogonias foi recentemente levado a cabo por Graham (2006), e, por isso, contentar-me-ei aqui em resumir as suas conclusões. Por um lado, as intenções são evidentemente muito similares: descrever a origem do mundo, traçar a «história do mundo». Esta similitude demonstra a persistência do problema e as raízes culturais dos principais interesses de Anaximandro. Mas as direções nas quais a solução é procurada não poderiam ser mais radicalmente opostas. Hesíodo, como sublinhei no primeiro capítulo, inclui-se plenamente na tradição universal, compartilhada por todas as civilizações humanas, e que consiste em narrar uma história do mundo que é uma história dos deuses. Anaximandro rompe súbita e radicalmente com essa tradição. Na sua história do mundo, não há praticamente nenhum vestígio do sobrenatural. As coisas do mundo são explicadas pelas coisas do mundo: o fogo, o calor, o frio, o ar, a terra. As coisas que exigem explicação são as coisas do mundo: o Sol, a Lua e as estrelas, o mar e a terra — e não a autoridade de Zeus.

Para um leitor distraído, a história do mundo de Anaximandro pode facilmente assemelhar-se a uma versão um pouco vaga da história do *Big Bang*, que nos ensina a cosmologia moderna.

É por demais evidente que não devemos confundir essa semelhança com uma qualquer misteriosa presciência de Anaximandro. Não é disso que se trata. O que está em jogo é uma proposta metodológica meticulosa: um sistema de explicação das coisas do mundo em termos das coisas do mundo. Essa proposta metodológica, verdadeiramente revolucionária, tornar-se-á mais tarde a espinha dorsal da ciência moderna. A semelhança não é nem fortuita nem misteriosa. Estamos pura e simplesmente em vias de desenvolver a proposta metodológica de Anaximandro (Graham, 2006), que se revelou particularmente eficaz.

※

Há outro campo no qual o naturalismo de Anaximandro obtém um sucesso que se abeira do prodígio: as suas reflexões sobre a origem da vida e sobre a origem dos seres humanos. Anaximandro situa a origem da vida *no mar*. Ele fala explicitamente da *evolução* das espécies vivas, que relaciona com a evolução das condições climáticas. As primeiras espécies são marinhas, e, depois, à medida que a terra foi secando, estas *adaptaram-se* à terra firme. Anaximandro interroga-se a respeito dos seres vivos que poderão ter gerado os primeiros seres humanos. Aqui, estamos perante um problema que só voltará para primeiro plano nos últimos séculos, com os grandes resultados que sabemos. Com todos os limites evidentes deste paralelismo, ressalta que a leitura de tais reflexões num texto escrito no século VI a.C. nos deixa atónitos.

Mesmo se as explicações propostas por Anaximandro estivessem todas erradas, a sua procura por explicações naturais para os fenómenos atmosféricos seria sempre de uma importância capital para a história da ciência. É, de alguma forma, a certidão de nascimento da investigação científica do mundo.

Mas nem todas as explicações propostas estão erradas. Pelo contrário, a maior parte delas está surpreendentemente correta. A origem da água da chuva é efetivamente a evaporação das águas terrestres provocada pelo calor do Sol. O vento é realmente ar posto em movimento pelo calor do Sol. O evento físico que um tremor de terra revela é efetivamente uma fratura da crosta terrestre. E assim por diante.

Como Anaximandro pôde compreender tudo isso? Não sei, e não quero perder-me em suposições. A chave talvez seja pura e simplesmente o seu ceticismo em relação às explicações tradicionais. Um século depois de Anaximandro, Hecateu de Mileto, que aperfeiçoará o mapa geográfico de Anaximandro e que será o primeiro historiador grego, abre as suas *Genealogias* com um *incipit* famoso:

> *Hecateu de Mileto fala assim: escrevo o que creio ser verdadeiro; porque as miríades de histórias que os Gregos contam são contraditórias e parecem-me ridículas.*

Uma vez formulada a ideia-chave de procurar explicações naturalistas, e aceite esse saudável ceticismo, pode ser que um certo número de explicações razoáveis decorra diretamente da observação do mundo.

Recordemos com que maravilhamento aprendemos na escola o «ciclo da água»: a água cai em forma de chuva, corre nos rios, vai dar ao mar, evapora-se com o calor do Sol, é transportada pelo vento, cai em forma de chuva... Eis aqui um excelente exemplo da complexidade, mas, acima de tudo, da *compreensibilidade* deste nosso mundo tão belo. Os manuais escolares raramente o referem, mas quem compreendeu o ciclo da água foi Anaximandro de Mileto.

IV.

A Terra flutua

Há uma crença generalizada de que, na Idade Média, na Europa, se pensava que a Terra era plana. Fazendo fé nessa lenda, quando Cristóvão Colombo se propôs chegar à China, navegando para Ocidente, encontrou a resistência dos eruditos Espanhóis, que se manifestaram contra o absurdo do projeto, porque acreditavam que a Terra era plana.

Essa lenda é completamente infundada. Em *A Divina Comédia*, uma suma do saber medieval escrita dois séculos *antes* de Colombo, Dante descreve, através de uma forte componente gráfica, uma Terra evidentemente *esférica*. Ninguém na Europa medieval pensava que a Terra era plana. Já antes, Santo Agostinho, por exemplo, negara a possibilidade da existência de seres humanos nos antípodas por razões que têm que ver com as suas relações com Jesus Cristo, sem duvidar por um instante da forma esférica da Terra. São Tomás fala claramente da esfericidade da Terra nas primeiras linhas da *Suma Teológica*[27]. Não existe, por assim dizer, nenhum texto medieval que fale de uma Terra plana.[28]

A objeção que Colombo enfrentou por parte dos doutos da corte de Espanha, ainda que não tendo nada que ver com essa crença, era tudo

---

[27] «Ad secundum dicendum quod diversa ratio cognoscibilis diversitatem scientiarum inducit. Eandem enim conclusionem demonstrat astrologus et naturalis, putas quod **terra est rotunda**...» *Sancti Thomae de Aquino, Summa Theologiae, Prima pars, Quaestio 1, Prooermium, Articulus 1 ([28238] Ia q. 1 a. 1 ad 2)*; as três últimas palavras não necessitam de tradução.

[28] As exceções são raras: Lactâncio, no século IV, Cosme Indicopleustes, no século VI, e poucas mais. Trata-se, regra geral, de autores cristãos que, nos seus esforços de rejeitar em absoluto o saber pagão, tentaram, sem sucesso, formar a ideia de uma Terra plana. Para Cosme, o mundo deveria ter a forma de um tabernáculo.

menos injustificada. Em 1400, as dimensões da Terra são conhecidas com precisão: com uma ínfima margem de erro. E isso, pelo menos desde o século III, quando as dimensões da Terra foram calculadas de acordo com uma brilhante e famosa técnica imaginada por Eratóstenes, o diretor da biblioteca de Alexandria. A Terra é simplesmente demasiado grande para ser percorrida por via marítima, sem escala, na época de Colombo. E este procurou convencer a corte de Espanha de que a Terra era *menor* do que realmente é, de modo a tornar credível a sua viagem para a China pelo ocidente. Dito de outra forma, ele estava errado. Mas os caminhos do destino são sinuosos, e do erro teórico de Colombo estava destinado a acontecer o que veio a acontecer (nomeadamente o extermínio perpetrado, em poucas décadas, pelos europeus, de um quinto da Humanidade). Colombo morreu a acreditar que a Terra era pequena e que tinha chegado à Ásia.

O mundo grego estava já largamente convencido da esfericidade da Terra no tempo de Aristóteles: os argumentos que avança a favor dessa ideia são corretos e convincentes para qualquer pessoa de bom senso que se dê ao trabalho de os ler e de sobre eles refletir. Se subsistissem dúvidas, bastaria ler o primeiro capítulo do *Almagesto*, de Ptolomeu, para encontrar uma versão completa, límpida e definitiva do argumento. E, de facto, a partir da geração seguinte a Aristóteles, já ninguém no Ocidente duvida do facto de que a Terra é (*grosso modo*) uma esfera.

Na geração *anterior* a Aristóteles, a ideia de que a Terra era redonda já estava difundida, mas as coisas não eram ainda tão claras. Platão, no *Fédon*, põe Sócrates a dizer que *pensa* que a Terra é uma esfera, «sem ser capaz de avançar com argumentos convincentes». Essa passagem do *Fédon* é o mais antigo testemunho *direto* da aceitação da esfericidade da Terra de que dispomos.

A extrema clareza conceptual do século V grego a respeito desta questão exclusivamente científica é impressionante: Platão e Aristóteles sabem distinguir com total clareza a diferença entre *acreditar* em algo e ser capaz de *apresentar argumentos convincentes*. Eu diria que um estudante mediano de hoje, depois do ensino secundário, está provavelmente convencido de que a Terra é redonda, mas duvido que seja capaz de apresentar uma prova direta e convincente dessa afirmação: o seu nível científico, pelo menos no que a este ponto diz respeito, está a meio caminho entre o da geração de Platão e o da geração de Aristóteles.

A Terra flutua

Vale ainda a pena salientar uma outra consideração: o *Fédon* é um dos textos mais lidos, comentados e discutidos da história do pensamento. Mas, de um modo geral, detemo-nos em torno da imortalidade da alma, sem sequer reparar que o texto contém uma autêntica joia da história da ciência: a primeira menção à nova forma que o mundo está em vias de adquirir. Esta omissão é um sinal flagrante do abismo que separa hoje a cultura humanista da cultura científica, estupidamente de costas voltadas uma para a outra.

Platão fala, portanto, da esfericidade da Terra como uma ideia já bastante comum. De onde vem essa ideia? Associamo-la comummente à Escola Pitagórica, por vezes ao próprio Pitágoras. Para Anaximandro, a Terra não é esférica. Ele fala de uma forma mais ou menos cilíndrica, como um tambor, ou mesmo um disco.

> *[Anaximandro diz que...] a Terra é um corpo celestial, [...] de forma cilíndrica, como um bloco de uma coluna. Ela tem dois lados, sendo um a terra sob os nossos pés, e opondo-se o outro a este.*

Esta forma cilíndrica, ou de disco, pode parecer estranha. Creio que uma explicação plausível para isso seja o seguinte. Tales havia explicado que a água é a origem de todas as coisas, e tinha imaginado um imenso oceano do qual tudo nasceu, e sobre o qual a própria Terra flutua. A intuição de Anaximandro é a de que o oceano que rodeia a Terra não é necessário: depois de ter suprimido o oceano, o que resta é um disco que flutua no espaço.

Isto conduz-nos a um aspeto geralmente negligenciado, mas de uma importância fundamental para avaliar a contribuição de Anaximandro. Do ponto de vista científico e conceptual, o passo crucial *não é* o de estabilizar a forma definitiva da Terra, cilíndrica ou esférica: é o de compreender que a Terra é um corpo finito que flutua no espaço. Gostaria muito de esclarecer este ponto, que pode facilmente escapar a quem não tem uma experiência em primeira mão de investigação científica.

A Terra, na realidade, não é nem um cilindro nem uma esfera. Tem a forma de um elipsoide um pouco achatado nos polos. A bem dizer, também não é um elipsoide, mas sim uma espécie de pera, porque o polo Sul é um pouco *mais* achatado do que o polo Norte. Na verdade, ela também não tem exatamente essa forma: atualmente, estamos a estudar novas irregularidades. Este refinamento progressivo do nosso conhecimento da forma precisa da Terra é, sem dúvida, interessante, mas, por si só, não traz nada de *essencial* à nossa compreensão do mundo. A passagem do cilindro de Anaximandro para a esfera, depois para o elipsoide, para a pera, e atualmente para uma forma irregular, decorre do refinamento do conhecimento quantitativo da forma do nosso planeta, não de uma revolução conceptual.

Em contrapartida, compreender que a Terra é uma pedra que flutua no espaço, que não está pousada sobre nada, que sob a terra está o mesmo céu que vemos por cima de nós, *isso* sim, é um gigantesco salto conceptual. E essa é a contribuição de Anaximandro.

O modelo cosmológico de Anaximandro, em que a Terra é cilíndrica, é muitas vezes apresentado pelos autores contemporâneos como grosseiro e pouco digno de interesse[29], enquanto o modelo pitagórico-aristotélico, no qual a Terra é esférica, é descrito como «cientificamente correto». Estes julgamentos são cientificamente descuidados por duas razões opostas. Em primeiro lugar, e como já disse, porque o passo dado de uma Terra-plana para uma Terra-corpo-finito que flutua no espaço é gigantesco, extremamente difícil. A prova disso é a de que os Chineses não o conseguiram dar em vinte séculos de Instituto de Astronomia Imperial, nem nenhuma outra civilização o deu. Em compensação, o passo que vai desde a Terra-cilindro à Terra-esfera é fácil. Bastou uma única geração para ser dado. Em segundo lugar, porque, também como já o disse, o modelo esférico não é, de modo algum, a «verdadeira» solução para o problema da forma da Terra: é apenas um modelo um pouco mais preciso do que o cilindro, e um pouco menos do que o elipsoide. O mérito da revolução cosmológica cabe, sem dúvida alguma, a Anaximandro.

Mas como é que Anaximandro conseguiu descobrir que, sob a Terra, há ainda céu?

Não faltam indícios, claramente. O Sol põe-se todas as noites a oeste e reaparece todas as manhãs a leste. Por onde passa ele para reaparecer

---

[29] Tal não acontece no excelente artigo de Dirk Couprie, disponível na *Internet Encyclopedia of Philosophy*.

do outro lado? Observemos a Estrela Polar: numa bela noite de verão, conseguimos ver todas as outras estrelas a girar lenta e majestosamente, enquanto ela permanece imóvel, como que colocada num eixo. As estrelas mais próximas da Estrela Polar, as estrelas da Ursa Menor, por exemplo, giram em torno dela, lentamente: dão uma volta completa em 24 horas. E vemo-las sempre no céu (quando não somos encadeados pela luz do Sol). As estrelas mais distantes fazem, sempre em 24 horas, uma viagem mais longa, até mesmo as estrelas que afloram o horizonte, no Norte.

Podemos facilmente vê-las a desaparecer por trás de uma montanha e a reaparecer um pouco mais tarde no Leste (fig. 12). Elas, obviamente, passaram por *trás* da montanha. E aquelas que estão ainda um pouco mais afastadas da Estrela Polar? Essas também terão de desaparecer por *trás* de alguma coisa antes de reaparecerem. Deve, portanto, haver espaço, *ali*, por onde elas possam passar. E as estrelas que estão no equador celeste, longe da Estrela Polar, e que seguem no céu o mesmo curso do que o Sol? Não é tentador imaginar que elas desaparecem *sob* a Terra? Mas se elas passam sob a Terra, é porque deve haver espaço vazio sob a Terra!

Fig. 12: Uma fotografia do céu noturno, de longa exposição, mostra o movimento das estrelas no céu durante a noite, em torno da Estrela Polar. É mais ou menos evidente que, sob o horizonte, deve haver um espaço vazio, através do qual as estrelas possam completar a sua viagem quotidiana.

Note-se o quanto a estrutura desta descoberta é semelhante àquela em que a água da chuva provém da evaporação dos mares. Num caso, a água deixada ao sol num alguidar desaparece, para aparecer sob a forma de água que cai do céu; a inteligência conecta o desaparecimento e a aparição e identifica a água da chuva com a água evaporada. No outro caso, o Sol desaparece no ocidente e aparece no oriente; a inteligência conecta o desaparecimento e a aparição e procura o caminho que os liga: o espaço vazio sob a Terra. Nada mais do que a combinação da curiosidade com a lucidez da inteligência...

Com efeito, para compreender que não há nada sob a Terra, Anaximandro limitou-se a utilizar a intuição simples que nos faz dizer que, se virmos um homem desaparecer por trás de uma casa e reaparecer do outro lado, é porque deve haver uma passagem por trás da casa. Fácil.

Mas, se era assim tão fácil, porque é que gerações e gerações de homens não pensaram nisso antes? Porque é que inumeráveis civilizações continuaram a pensar que sob a Terra não há senão terra? Porque é que os Chineses, apesar do esplendor da sua civilização milenar, ainda não o haviam compreendido aquando da chegada dos Jesuítas, no século XVII? Em suma, será que o resto do mundo está povoado de idiotas? Claro que não. Então, onde é que está a dificuldade?

A dificuldade é que a ideia de que a Terra flutua no espaço contradiz violentamente a imagem que temos do mundo. É uma ideia absurda, ridícula e incompreensível. A principal dificuldade é a de aceitar que o mundo *possa* não ser como acreditávamos que era. Que as coisas possam não ser como parecem. A verdadeira dificuldade é a de abandonar uma imagem do mundo que nos é familiar.

Para dar esse passo, é necessária uma civilização em que os homens estejam dispostos a pôr em dúvida o que todos tomam por verdade.

A segunda dificuldade é a de construir uma alternativa coerente e credível à antiga imagem do mundo. O facto de que a Terra voa contradiz essa regra que nós sabemos que é verdadeira: as coisas caem. Se nada segurasse a Terra, a Terra cairia. *Se a Terra não está pousada sobre nada, então porque não cai ela?*

A dificuldade não está em deduzir a partir da observação do movimento das estrelas, ou mesmo de imaginar, que, sob a Terra, possa encontrar-se um vazio. Essa sugestão terá provavelmente aparecido na história da astronomia chinesa, e talvez noutros lugares. Mas, em ciência, a dificuldade não é ter ideias: é fazê-las funcionar. Encontrar uma forma de integrá-las, de articulá-las com o resto do nosso saber a respeito do mundo, e convencer os outros de que toda a operação é razoável. A dificuldade é ter coragem e inteligência para conceber e articular uma *nova imagem do mundo, completa e coerente.*[30] Conciliar a ideia de uma Terra suspensa no céu, de uma ideia que facilmente dá conta do movimento diurno das estrelas, com a evidência empírica de que as coisas caem.

É aqui que reside o génio de Anaximandro, que enfrenta imediatamente a questão *porque é que a Terra não cai?* A sua resposta é relatada por Aristóteles no tratado *Sobre o Céu*, e é, a meu ver, um dos mais belos momentos do pensamento científico de todos os tempos: a Terra não cai porque não tem nenhuma direção em particular para onde cair. Aristóteles diz (tratado *Sobre o Céu* 295, 11):

> *Alguns de entre os ancestrais, por exemplo Anaximandro, dizem que a Terra conserva a sua posição por indiferença. Porque uma coisa que se encontra no centro, para a qual todas as direções são equivalentes, não tem nenhuma razão para se mover para o alto ou para baixo, ou lateralmente; e como não pode mover-se em todas as direções ao mesmo tempo, ela tem, necessariamente, de permanecer imóvel. Esta ideia é engenhosa...*

O argumento é extraordinário e perfeitamente correto. Qual é exatamente esse argumento? Ele consiste em inverter a questão «porque é que a Terra não cai?», perguntando: «porque deveria ela cair?» A ideia torna-se ainda mais clara em Hipólito, no seguinte excerto (a tradução é controversa):

---

[30] Como muitos outros cientistas, tenho em casa caixas cheias de cartas e de postais de pessoas que me escrevem com novas ideias científicas, originais ou audaciosas. Elas não servem para nada. As ideias aparecem e reaparecem muitas vezes; mas uma ideia, por si só, é inútil. Aristarco considerou a possibilidade da Terra girar sobre si mesma e ao redor do Sol no século III a.C. A ideia está certa, à luz da revolução copernicana, mas o mérito dessa revolução reverte para Copérnico, e não para Aristarco, porque foi Copérnico que começou a demonstrar como é que essa ideia poderia funcionar, como é que ela poderia ser integrada no *corpus* do nosso saber. Foi Copérnico que iniciou o processo que, por fim, acabou por convencer o mundo. Ter ideias é fácil. O que é difícil é reconhecer as boas ideias e encontrar os argumentos que mostrem que elas são «melhores» do que as ideias correntes. Quem sabe quantos seres humanos teriam já imaginado que o Sol passava sob a Terra? Mas, mesmo assim, não conseguiram mudar a imagem do mundo.

> ... *a Terra permanece suspensa, ela não é dominada por nada, e permanece na sua posição porque ela está a igual distância de todos os pontos.*

De acordo com a nossa experiência quotidiana, os corpos pesados caem porque têm ao seu lado um corpo imenso, a Terra, que os «domina» e, sobretudo, que determina uma direção em particular, diferente de todas as outras: a direção da Terra. A Terra, pelo contrário, não tem uma direção em particular para onde cair.

As coisas não caem, portanto, para um baixo absoluto, determinado por uma única direção, que é a mesma em todo o universo: as coisas caem para a Terra. O significado de «alto» e «baixo» torna-se complexo, ambíguo. Como absolutos, eles já não existem; e, contudo, podemos continuar a dizer que as coisas caem «para baixo», numa referência à direção que aponta para a Terra, como o ilustra a fig. 13.[31] Um texto do *corpus* hipocrático cuja datação é difícil, mas provavelmente marcado por influências milésicas, é bastante explícito a este respeito[32]:

---

[31] Tentemos ser mais precisos a respeito da interpretação do argumento, que é controversa. De acordo com a nossa experiência, os corpos pesados caem. A Terra é um corpo pesado: porque não cai ela? Anaximandro responde: porque, para ela, todas as direções são equivalentes. Isto implica que Anaximandro assuma que *nem todas* as direções sejam equivalentes para os objetos que vemos cair. Existe, portanto, para eles, uma direção em particular. Qual poderá ser a «direção em particular» que existe *para os objetos que vemos cair, mas não para a Terra?* Não pode ser um «baixo» absoluto como no esquema da esquerda da fig. 13, porque, se existisse no universo semelhante «baixo» determinando a direção da queda, este também se aplicaria igualmente à própria Terra, e o argumento não teria nenhum sentido. Há apenas uma possibilidade: a direção em particular só pode ser «para a Terra», como na fig. 13, *à direita*. Os objetos do nosso dia a dia têm uma direção em particular para onde cair: para a Terra. Note-se que isto *não* implica que Anaximandro sugerisse que a Terra fosse a *causa* da queda (como Newton), nem que a Terra estivesse no centro *por causa* da estrutura radial da direção natural da queda dos corpos pesados (como para Aristóteles). Além disso, se aceitarmos a tradução proposta do texto de Hipólito, então o argumento torna-se ainda mais claro. A Terra não é dominada por nada. O que implica que as coisas que caem sejam dominadas por algo. Pelo quê? Deve haver qualquer coisa que *domina todas as coisas que vemos cair, mas não a Terra.* Há apenas uma resposta razoável: é a própria Terra. Desse modo, as coisas dominadas pela Terra caem, enquanto a própria Terra não é dominada por nada.

[32] Ver Kahn (1960), pp. 84–85.

Para aqueles que estão ao contrário (nos antípodas), as coisas no alto estão em baixo, enquanto as coisas em baixo estão no alto [...], e é assim em toda a Terra.

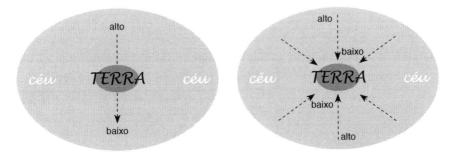

Fig. 13: A principal intuição de Anaximandro: o universo não é como na figura da esquerda: não existe uma direção privilegiada (aqui denominada «alto-baixo») que determine como é que as coisas caem. Pelo contrário, é como na figura da direita: a queda de um objeto é determinada pela presença de algo que o «domina» (a Terra), privilegiando uma direção em particular (para a Terra).

Os conceitos fundamentais de *alto* e de *baixo*, definidos pela direção para a qual caem os corpos pesados, estruturam a nossa experiência do mundo; estão na base da nossa organização mental do universo físico. No novo mundo proposto por Anaximandro, eles são profundamente alterados. Para realizar a sua revolução, Anaximandro precisou de compreender que as noções de *alto* e de *baixo* são as da nossa experiência quotidiana. Elas não constituem uma estrutura absoluta e universal da realidade. Não são a organização *a priori* do espaço. São relativas à presença da Terra. Aqui, na Terra, as coisas caem para baixo porque, ao contrário do que se passa com a própria Terra, há uma direção em particular para onde cair: para a Terra.

É, portanto, a Terra que determina o alto e o baixo. É a Terra que determina a direção da queda. Por outras palavras, alto e baixo não são absolutos, mas sim relativos à Terra.[33]

---

[33] Tem sido sustentado que Anaximandro não poderia ter compreendido o facto de que alto e baixo são relativos à Terra, porque se trata de uma noção puramente aristotélica. Se fosse esse o caso, então as explicações de Anaximandro sobre a centralidade da Terra tornar-se-iam absurdas. Um outro problema é de ordem terminológica, e em relação a esse não tenho qualquer competência, nem nenhum interesse em particular: não digo

Há muito em comum entre a revolução de Anaximandro e as outras grandes revoluções do pensamento científico. Trata-se de um passo semelhante ao dado por Copérnico e Galileu. A Terra move-se? Como é que pode ela mover-se, se é evidente que ela está em repouso? Não, compreendeu Galileu, concluindo a revolução copernicana: movimento e repouso absolutos não existem. As coisas pousadas na Terra estão imóveis umas em relação às outras, mas isso não significa que elas não possam estar, em conjunto, em movimento no sistema solar. A noção de «repouso» ou de «movimento» é muito mais complexa e articulada do que a da nossa experiência quotidiana. E, de igual modo, Einstein, com a relatividade restrita, descobre que a simultaneidade, isto é, a noção de «agora», não é absoluta, mas sim relativa ao estado de movimento do observador.

A dificuldade em compreender a complexidade da simultaneidade na teoria de Einstein é absolutamente análoga, e quase paralela, à dificuldade em compreender a complexidade das noções de alto e de baixo na cosmologia de Anaximandro. Se hoje em dia a relatividade das noções de alto e de baixo parece-nos (bastante) fácil de compreender, enquanto a relatividade da simultaneidade permanece misteriosa para quem não se ocupa profissionalmente da física, isso deve-se a uma única razão: a revolução de Anaximandro foi digerida durante vinte e seis séculos, a de Einstein não. Mas trata-se exatamente do mesmo percurso conceptual.

A outra diferença, mais secundária, reside no grau de elaboração das duas teorias. A de Einstein apoia-se em observações que já estavam altamente codificadas nas teorias de Maxwell e na mecânica de Galileu e Newton, enquanto a de Anaximandro assenta inteiramente em observações diretas, como o nascer e o pôr das estrelas.

A grandeza de Anaximandro prende-se com o facto de, a partir de tão pouco, e para melhor explicar as observações, ele ter *redesenhado o Universo*. Ele muda a *gramática* da compreensão do universo. Ele muda a estrutura do próprio espaço. Durante muitos séculos, o espaço foi entendido pelos homens como intrinsecamente estruturado por uma direção

---

que Anaximandro tenha conseguido conceber uma linguagem análoga à que utilizo para descrever a sua contribuição. Mas hoje em dia *não* falamos das contribuições de Newton no vocabulário de Newton. O interesse *científico* de uma ideia não reside na forma em que ela está formulada. Contrariamente ao que muitas vezes é afirmado, os resultados científicos são *traduzíveis*. Trato explicitamente deste ponto no nono capítulo.

privilegiada para onde as coisas caem. Não, diz Anaximandro, *o mundo não é como parece ser para nós*. O mundo é *diferente* da forma como ele nos aparece. A nossa perspetiva do mundo é limitada pela insuficiência da nossa experiência. A observação e a razão fazem-nos perceber que temos preconceitos erróneos a respeito do funcionamento do mundo.

Estamos perante uma proeza conceptual vertiginosa. E absolutamente correta. Uma vez formulada de forma coerente uma conceção do mundo segundo a qual as coisas não caem para o baixo absoluto, mas sim para a Terra, já não há nenhuma razão para acreditar que a Terra deveria cair. O ponto fulcral da argumentação de Anaximandro, exposta nos textos que chegaram até nós, é o de que a expectativa segundo a qual a Terra deveria cair está assente numa extrapolação ilegítima.[34]

A razão, devidamente explorada e apoiada na observação, liberta-nos de uma ilusão; liberta-nos de uma perspetiva parcial e limitada e reestrutura a nossa compreensão do mundo de acordo com uma nova forma. Esta forma é mais eficaz. Mais eficaz, mas passível de aperfeiçoamento: será ainda preciso aprender que a Terra não é um tambor, mas uma esfera; depois, que também não é uma esfera; depois, que não está imóvel, mas que se move; depois, que a Terra atrai os corpos, e que, na verdade, todos os corpos se atraem; depois, que essa atração é a manifestação da curvatura do espaço-tempo; etc. Cada passo levará séculos a ser dado; mas o processo está em curso. Ele foi posto em marcha por um primeiro passo gigantesco, que abalou uma imagem do mundo comum a todas as civilizações para produzir a de um mundo esférico, rodeado pelo céu, que é o sinal distintivo da civilização grega, e de todas aquelas, como a nossa, que são suas herdeiras.

Dirk Couprie (2003) pôs em destaque outra novidade radical da cosmologia de Anaximandro. A abóbada celeste era, até então, entendida como a *fronteira* superior do mundo. O Sol, a Lua e as estrelas eram vistos pela Humanidade como entidades que se moviam numa mesma abóbada

---

[34] Este argumento, exclusivamente científico, é difícil para os filósofos e para os historiadores. Podemos ler, por exemplo, que «é preciso esperarmos por Newton para obtermos a resposta correta à pergunta: porque é que a Terra não cai?» É uma estupidez: em que sentido estaria correta a resposta de Newton? Porque foi essa a que aprendemos na escola, tendo em conta que Kepler saiu de moda e que Einstein ainda não entrou nos programas? Supor que o problema da queda da Terra foi finalmente resolvido por Newton, mais do que por Anaximandro, Aristóteles ou Einstein, é um grande disparate.

celeste, o teto do nosso mundo, a igual distância de nós. Ao olhar para o céu, Anaximandro foi o primeiro a ver não o teto de uma cúpula, mas a imaginar a possibilidade de que os corpos celestes pudessem estar localizados a distâncias muito diferentes. Ele vê a *profundidade* do céu. Os números que propõe como sendo os raios das rodas que sustentam as estrelas, a Lua e o Sol são importantes não tanto pelos valores específicos que ele lhes confere, mas mais pela ideia de que esses números pudessem ter um sentido. Passa-se de um mundo parecido com o interior de uma caixa para um mundo imerso num *espaço* exterior aberto. Como diz Couprie, Anaximandro inventa, num certo sentido, o espaço aberto do cosmos.[35] Trata-se, evidentemente, de uma novidade conceptual de enorme alcance.

Na história da ciência, o único outro exemplo de uma revolução conceptual de alcance comparável à de Anaximandro é, talvez, a grande revolução copernicana.[36] Tal como Anaximandro, Copérnico redesenha profundamente o mapa do cosmos. Ele desloca esta Terra que voa do centro do mundo para uma órbita em volta do Sol. Tal como a de Anaximandro, a revolução de Copérnico abre caminho para um enorme desenvolvimento científico, que se segue após alguns séculos.

Há outros pontos em comum. Copérnico, que estudou em Itália, alimenta-se da vibrante e fervilhante riqueza cultural do primeiro Renascimento italiano, numa região politicamente fragmentada, que tira proveito do comércio, aberta para o mundo. Anaximandro alimenta-se do novo clima cultural da jovem civilização grega, que faz lembrar o Renascimento em mais do que um aspeto.

---

[35] Dirk Couprie perguntou-me se, como físico, eu era capaz de compreender a lógica que conduziu Anaximandro a pensar que o Sol, a Lua e as estrelas estão a diferentes distâncias. A única resposta que encontrei foi a de que, se eles estivessem à mesma distância, as rodas que suportam os diversos objetos celestes (necessárias ao racionalismo de Anaximandro, uma vez que sem elas as estrelas deveriam cair) deveriam cruzar-se umas com as outras, emaranharem-se, o que não faria qualquer sentido. Mas essa explicação também não me convence.

[36] Antes de Copérnico, a palavra «revolução» significa apenas o movimento circular, em particular o dos planetas no céu. O título do livro de Copérnico é *De Revolutionibus Orbium Coelestium*, ou seja, «Sobre as *revoluções* dos corpos celestes». O livro provocou uma tal perturbação da imagem do mundo que o seu título, «revolução», se tornou sinónimo de «grande perturbação».

Mas também há profundas diferenças. Copérnico apoia-se no imenso trabalho conceptual e técnico feito antes dele pelos astrónomos alexandrinos e árabes. Anaximandro apoia-se nas primeiras questões, nas primeiras hipóteses de Tales, seu concidadão e seu mestre, e nos seus olhos, através dos quais observa o céu. Em nada mais. Sobre essa base tão estreita, ele constrói aquilo que me parece inevitável qualificar como a primeira e mais importante revolução científica de todos os tempos: a descoberta de que a Terra voa num espaço aberto.

Fecho este capítulo com as palavras de Charles Kahn (1960):

> *Mesmo que não soubéssemos mais nada sobre este autor, a teoria de Anaximandro sobre a posição da Terra seria, por si só, suficiente para lhe garantir um lugar entre os criadores da ciência racional do mundo natural*

e com as do grande filósofo das ciências, o austríaco Karl Popper (1998):

> *No meu entendimento, esta ideia de Anaximandro [a de que a Terra está suspensa no espaço] é uma das ideias mais audaciosas, mais revolucionárias, mais prodigiosas de toda a história do pensamento humano.*

V.

Entidades invisíveis e leis naturais

1. Há na natureza algo que não vemos?

Nos manuais de filosofia, aprendemos que a primeira escola filosófica da história é a escola jónica, a de Tales, Anaximandro e Anaxímenes. Estes filósofos, dizem-nos, procuravam o «princípio único» de todas as coisas: a *água* de Tales, o *ápeiron* de Anaximandro e o *ar* de Anaxímenes. Com tal apresentação, não entendemos nada, e chegamos mesmo a perguntar como é que três idiotices puderam dar origem à filosofia. Tentemos adicionar um pouco de densidade a esta introdução lacónica ao pensamento jónico e compreender um pouco melhor o que é que estes três pensadores originais nos dizem sobre o «princípio único», pelo menos do ponto de vista científico.

Tales: a água

De Tales, sabemos muito pouco. Retemos os factos de que viajou muito e que desempenhou um papel na vida política de Mileto, tal como Anaximandro depois dele. Atribuímos-lhe importantes teoremas de geometria elementar e, sobretudo, a *demonstração* desses teoremas. A sua contribuição mais importante foi a de ter instituído o problema da procura do ἀρχή, o *princípio* atuante por detrás dos fenómenos naturais. As discussões a respeito do sentido exato da palavra ἀρχή, para os filósofos da escola de Mileto, continuam a bom ritmo. Também neste caso não é minha intenção entrar nesse debate, em relação ao qual não me julgo competente; pretendo unicamente propor algumas reflexões a respeito do alcance dessa questão face ao desenvolvimento *científico* ulterior.

Deste ponto de vista, parece-me mais pertinente procurar o significado da expressão no seu uso do que na sua etimologia. Por si só, «princípio» não significa nada de muito interessante. O significado de ἀρχή não se torna mais claro à luz da posição metafísica de Tales, mas sim através da observação do que ele *faz* com esse conceito.

E o que ele faz com ele é extremamente simples: procura estruturar a imensa variedade dos fenómenos naturais que observamos por meio de uma explicação unitária, intrínseca à própria natureza. Procura compreender em termos simples o funcionamento da natureza. Apresentado desta forma, o programa de Tales não é mais do que o programa da ciência. Que o facto da explicação específica considerada por Tales («tudo é água») ser grosseira e ingénua reflete apenas as dificuldades iniciais desse programa, e o carácter extremamente rudimentar da primeira tentativa de o realizar.

Talvez Tales tenha tirado da mitologia a ideia da importância fundamental da água e do oceano. Como já referi, ele imagina a Terra como um disco flutuante num oceano. Esta imagem é provavelmente de origem mesopotâmica, talvez relacionada com a ideia difundida no mundo antigo de que, qualquer que seja a direção para onde nos dirijamos, acabamos sempre por chegar ao mar (o «Rio Oceano» que envolve todas as terras imersas). No *Enūma Eliš*, citado no segundo capítulo, o universo tem origem a partir do caos líquido das águas do deus Apsu.

Eis aqui o início do Génesis, tirado da tradução literal de Speiser (1964):

> *Quando Deus se preparou para criar o céu e a terra, o mundo era uma extensão informe, os mares estavam cobertos pela escuridão, um vento terrível varria as águas. Deus disse: «Faça-se luz», e a luz foi feita.*

Também na *Ilíada* o pai dos deuses é Oceano. A ideia poderá mesmo, se tivermos em conta o primeiro verso do mito da criação dos *Navajos* americanos (Witherspoon, 1977), ser muito mais antiga, anterior à separação da Humanidade entre os grupos indo-europeu e americano:

> *O Um é chamado «Água Por Toda a Parte».*

Tales pode, portanto, ter tirado a ideia de que tudo deriva da água da mitologia ou das suas viagens à Babilónia. Mas a sua interpretação do papel da água não é, de modo algum, mística ou religiosa. A água de Tales é a água comum. As suas primeiras tentativas de explicação, por ingénuas que sejam, dão já uma ideia da eficácia dessa metodologia naturalista emergente e da distância a que ela está da mitologia. É-lhe atribuída, por exemplo, a ideia de que os tremores de terra se devem aos movimentos da Terra, que, flutuando sobre as águas, é agitada pelas ondas.

Tudo isto é muito ingénuo e cheio de problemas teóricos (como é que a Terra flutua?), mas encontramos já aí o gérmen das soberbas explicações naturalistas de Anaximandro.

Anaxímenes: comprimir e rarefazer

A contribuição de Anaxímenes, que substitui a água de Tales (e o *ápeiron* de Anaximandro, de que falarei a seguir) pelo ar, não consiste tanto na escolha do elemento *ar*, mas sim na tentativa, bem-sucedida, de fazer frente a uma dificuldade evidente da doutrina de Tales e de Anaximandro. Se tudo é feito de água ou de *ápeiron*, como podem a água ou o *ápeiron* apresentar formas e consistências tão diversas? Como é que uma substância primordial pode ter características diferentes? O problema é assinalado (mais tarde) por Aristóteles, que, utilizando a linguagem característica da física grega, se pergunta como é que a *mesma* substância pode revelar-se tanto *leve* como *pesada*.

A tentativa de resposta dada por Anaximandro é-nos reportada por Simplício, e nada tem de extraordinário:

> Segundo ele [Anaximandro], o nascimento das coisas não acontece por alteração do princípio elementar, mas sim pela separação dos contrários, de acordo com o movimento eterno.

Os contrários, para Simplício, são o quente e o frio, o seco e o húmido, etc. Esta resposta não é, por certo, muito convincente.

Anaxímenes procura um mecanismo mais razoável para compreender a multiplicidade das aparências de uma única substância. Com uma perspicácia notável, identifica esse mecanismo na *compressão* e na *rarefação*. Ele adianta a hipótese de que a água é gerada pela compressão do ar, podendo este ser obtido através da rarefação da água; a terra é gerada por uma posterior compressão da água, e assim por diante. Trata-se de um passo em frente, rumo a uma mais razoável descrição da estrutura do mundo.

À ideia de Anaxímenes de compressão e de rarefação, os filósofos jónicos acrescentarão, mais tarde, a de um pequeno número de substâncias primárias cuja *combinação* engendra a variedade das formas da matéria. Os atomistas, Leucipo e Demócrito, tornarão muito mais concreta e compreensível essa ideia de compressão e rarefação, introduzindo a noção de átomos elementares que se movimentam no vazio.

Atualmente, sabemos que praticamente toda a matéria que nos rodeia é formada por três componentes: eletrões, protões e neutrões. A variedade da matéria é determinada exatamente pelas diversas *combinações* e pela maior ou menor *rarefação* ou *compressão* desses três elementos.

Interpretar, mais uma vez, esta semelhança entre ciência grega e ciência moderna como uma misteriosa presciência dos pensadores gregos seria idiota. O facto é que, para compreender o mundo, alguns esquemas gerais, elaborados nos primeiros séculos da civilização grega, revelaram-se eficazes — pura e simplesmente.

Anaximandro: o ápeiron

Voltemos a Anaximandro, que é de uma geração anterior à de Anaxímenes. O que é, portanto, o *ápeiron*, essa substância a partir da qual, segundo Anaximandro, o mundo é feito?

Esta questão foi amplamente discutida, e as opiniões oscilam entre os dois extremos que correspondem aos dois sentidos da palavra grega «ἄπειρον»: sem limite ou «infinito», e sem determinação ou «indistinto».

Não quero, uma vez mais, entrar nos pormenores dessa discussão, porque do ponto de vista que escolhi, o da ciência, a questão não tem qualquer interesse. É como perguntar se, quando Johnstone Stoney introduziu o termo *eletrão*, em 1894, utilizou a palavra no sentido de «corpúsculo de eletricidade» ou de «nova partícula». O que ele queria dizer não tem nenhuma importância: o que conta é a introdução de uma nova noção, o papel dessa noção no esquema teórico elaborado por Johnstone Stoney e pelos seus sucessores, e a sua eficácia a descrever o mundo. Se Stoney tivesse escolhido chamar «Pippo», em vez de eletrão, a essa nova entidade (talvez porque lhe fizesse lembrar o seu cão *Pippo*, muito pequeno e muito elétrico), a história teria sido a mesma.[37] De igual modo, se Anaximandro tivesse chamado ao seu princípio «Pippo», em vez de «infinito» ou «indeterminado», o sentido da sua proposta teórica não teria mudado nem um bocado.

Qual é, então, o sentido da proposta teórica que Anaximandro batiza de *ápeiron*? A característica essencial do *ápeiron* é *não* ser uma das substâncias da nossa experiência diária. Simplício diz-nos que:

Anaximandro disse que o princípio dos seres é o ápeiron

e comenta:

> *... o princípio e o elemento dos seres é o* ápeiron, *tendo o primeiro [Anaximandro] introduzido esse nome de «princípio». E ele afirma que o princípio não é nem a água nem qualquer outro dos chamados elementos, mas sim outra natureza infinita, de onde provêm todos os céus e todos os mundos que existem [...] e expressou-o através de palavras muito poéticas. Torna-se claro que, tendo observado a transformação recíproca dos quatro elementos [água, ar, terra, fogo], ele achou razoável não estabelecer nenhum deles como princípio, mas sim outra coisa.*

Anaximandro propõe, portanto, que *todas* as substâncias da nossa experiência comum possam ser entendidas em termos de uma outra coisa; qualquer coisa que seja, ao mesmo tempo, natural e estranha à nossa experiência diária. A intuição central aqui é a de que, para explicar a complexidade do mundo, é útil postular, imaginar, a existência de uma outra coisa, que não é nenhuma das substâncias da nossa experiência direta, mas que pode *servir* de elemento unificador para todas elas.

Assim, por um lado, a especulação milésica liberta a natureza da sua interpretação tradicional como manifestação de uma realidade extranatural divina. Pode dizer-se que a própria noção de «natureza» como objeto de saber é a criação fundamental da escola de Mileto: o termo Φύσις, que a designa dessa forma, é, sem dúvida, de origem milésica. Mas, por outro

---

[37] E, de facto, na física contemporânea, os primos mais próximos dos eletrões chamam-se *quarks*, um termo introduzido por Murray Gell-Mann, e que, por si só, não significa absolutamente nada.

lado, a ideia de investigação da natureza pressupõe que a natureza não se desvela inteiramente a um olhar direto. Bem pelo contrário, é necessário sondar as suas origens e a sua estrutura: a verdade é acessível, ela é parte integrante da natureza, mas está escondida. Os instrumentos para aceder a ela são a observação e o pensamento. Para esse efeito, este último está disposto a imaginar a existência de novas entidades naturais, mesmo que não sejam diretamente percetíveis.

Foi precisamente essa a via seguida pela ciência teórica dos séculos seguintes. Os átomos, os de Leucipo e de Demócrito, ou os de John Dalton, no século xix, são descendentes diretos do *ápeiron* de Anaximandro.

Um outro exemplo é-nos dado pela grande contribuição de Michael Faraday para a ciência moderna. Em meados do século xix, o conhecimento das forças elétricas e magnéticas está bastante desenvolvido, mas continua a faltar uma compreensão unitária desses fenómenos. Na sequência de uma investigação experimental exaustiva, Michael Faraday concebe a ideia de que existe uma nova entidade, o «campo elétrico e magnético».

O campo é algo que preenche o espaço como uma gigantesca teia de aranha, que se estende para todo o lado, e o tece de linhas impercetíveis — hoje denominadas «linhas de força de Faraday». Os componentes elétricos e magnéticos do campo influenciam-se mutuamente e «suportam» as forças elétricas e magnéticas. Numa extraordinária página do seu sublime livro, Faraday interroga-se se esses campos que preenchem o espaço físico serão «reais». Após uma breve hesitação, propõe considerá-los como tal. Com essa página, o mundo de Newton, feito de partículas que se atraem num espaço vazio, é virado do avesso; no mundo, uma nova entidade fez a sua aparição: o campo.

Alguns anos mais tarde, James Clerk Maxwell saberá transformar a intuição de Faraday num sólido sistema de equações que descrevem esse campo; compreenderá que a luz não é senão uma dobra que se propaga muito rapidamente sobre essa teia de aranha; e que algumas dessas dobras, de maior comprimento de onda, transportam sinais. Hertz produzi-las-á em laboratório, e, em seguida, Marconi construirá o primeiro rádio. Todas as telecomunicações modernas assentam nesta redefinição do mundo, cujo ingrediente essencial é o campo invisível.

Os átomos, os campos elétricos e magnéticos de Faraday e Maxwell, o espaço-tempo curvo de Einstein, o flogisto da térmica, o éter de Aristóteles ou o de Lorentz, os *quarks* de Gell-Mann, as partículas virtuais de Feynman, a função de onda da mecânica quântica de Schrödinger e os campos quânticos na base da descrição do mundo da física contemporânea são «entidades teóricas» que não são diretamente percetíveis pelos sentidos, mas que são postulados pela ciência para explicar, de forma unitária e orgânica, a complexidade dos fenómenos. Eles têm exatamente a função que Anaximandro atribui ao *ápeiron*.[38]

A teoria do *ápeiron* é muito rudimentar, e certamente que não poderá ser comparada nem com a teoria, matematicamente muito detalhada, que Maxwell desenvolve para o campo eletromagnético, nem com a que Feynman cria para a teoria quântica dos campos. Mas quando o nosso televisor está avariado, e o técnico nos diz que o sinal não é bom por causa de uma colina, ele utiliza as ondas eletromagnéticas como entidades teóricas para explicar os fenómenos: usa uma estrutura conceptual que tem uma origem histórica precisa — o *ápeiron* de Anaximandro.

Em algum ponto da história da Humanidade, alguém introduziu, portanto, a ideia de que é razoável *postular* a existência de uma nova entidade natural, mesmo que não a vejamos, para explicar os fenómenos. Esse alguém foi Anaximandro. Desde então, não paramos de fazer o mesmo.

2. A ideia de lei natural: Anaximandro, Pitágoras e Platão

Repito aqui o único texto que nos resta de Anaximandro, tal como é relatado por Simplício:

> *Todas as coisas têm raízes umas nas outras*
> *e perecem umas nas outras,*
> *segundo a necessidade.*
> *Todas elas fazem justiça umas às outras,*
> *e recompensam-se da injustiça,*
> *de acordo com a ordem do tempo.*

---

[38] Uma sugestão semelhante, sobre a interpretação do *ápeiron* como primeira «entidade teórica», é feita por Marc Cohen (2006).

Uma das ideias explícitas nestas poucas linhas é a de que o devir contínuo do mundo não é governado pelo acaso, mas sim pela necessidade. Ou seja, por certas formas de *leis*. Uma segunda ideia é a de que a forma como essas leis se exprimem é «de acordo com a ordem do tempo». O que implica que exista uma ordem no tempo, que estabiliza o devir dos fenómenos no tempo.

A forma dessas leis não é especificada — a não ser através dessa obscura alusão à lei moral, a justiça. Nenhuma dessas leis, tanto quanto sabemos, é enunciada explicitamente por Anaximandro.

Será na geração seguinte que outra grande figura da história das ciências compreenderá a forma dessas leis, isto é, a linguagem na qual elas devem estar escritas: Pitágoras. A proposta de Pitágoras, original do ponto de vista da escola de Mileto, é a de que a linguagem na qual estão escritas as leis da natureza é a linguagem *matemática*. Com esta proposta, Pitágoras acrescenta um ingrediente fundamental ao programa de Anaximandro, conferindo uma forma precisa à ideia de lei, ainda muito vaga em Anaximandro.

Segundo a tradição, Pitágoras nasceu em Samos, perto de Mileto, em 569, e, portanto, tem 24 anos quando morre Anaximandro, em 545. Jâmblico de Cálcis, filósofo neoplatónico do século III, escreve na sua *Vida de Pitágoras* (Jâmblico, 1996), uma das fontes antigas mais completas sobre a vida do filósofo, que Pitágoras visita Mileto aos 18 ou 20 anos, para se encontrar com Tales e Anaximandro. Jâmblico nem sempre é fiável, mas, no pequeno mundo da aristocracia grega, é difícil de imaginar que dois homens sedentos de conhecimento como o eram Pitágoras e Anaximandro, que viveram na mesma região e no mesmo tempo, não se tenham jamais encontrado. Seja como for, parece-me absolutamente improvável que o jovem Pitágoras não se tenha interessado pelas ideias do seu ilustre vizinho antes de empreender as viagens que o levarão a Itália, a Crotona, onde fundará a sua célebre escola. A proximidade dos interesses cosmológicos e, sobretudo, a nova ideia de que a Terra voa no espaço, partilhada em Mileto e Crotona, sugerem, com grande probabilidade, que o pensamento pitagórico não é independente da especulação milésica que imediatamente a precede.

A grande ideia pitagórica de que o mundo pode ser descrito em termos matemáticos será retomada, ampliada e amplamente difundida por Platão, que fará dela um dos pilares da sua doutrina da Verdade. Para Platão, numa estrita observância pitagórica, a gramática do mundo é a linguagem matemática, o que para os Gregos significa principalmente geometria. Segundo uma tradição (incerta[39]), Platão faz gravar no frontão da Academia, a sua escola, a célebre frase:

ΑΓΕΩΜΕΤΡΗΤΟΣ ΜΗΔΕΙΣ ΕΙΣΙΤΩ
«Que ninguém entre aqui se não for geómetra.»

Ainda que as histórias da filosofia sublinhem muitas vezes aspetos considerados «anticientíficos» de Platão, como a crítica das explicações em termos de causas eficientes, ou a depreciação da observação quando comparada com a procura racional, Platão desempenha um papel maior no desenvolvimento da ciência.

O próprio Platão, no *Timeu*, formula uma tentativa concreta de desenvolver o programa de descrição geométrica do mundo, reinterpretando os átomos de Leucipo e de Demócrito, bem como as substâncias elementares de Empédocles, em termos de figuras *geométricas* elementares. O resultado não é, de um ponto de vista científico, uma obra-prima, mas a direção proposta é excelente: só explorando as matemáticas é que conseguiremos descrever eficazmente o mundo. O erro dessa primeira e corajosa tentativa platónica de utilizar a geometria para ordenar completa e quantitativamente o mundo foi esquecer o tempo. Platão procura proporcionar uma descrição matemática da forma estática dos átomos. O que falta é a ideia de que aquilo que deve ser descrito em termos matemáticos, aquilo que é passível de ser matematizado, é a evolução das coisas *no tempo*. As leis que deverão ser posteriormente encontradas não serão leis geométricas espaciais, mas sim relações entre posição e *tempo*. Serão leis que descrevem o devir «de acordo com a ordem do tempo». Caricaturando, poderíamos dizer que, neste ponto, Platão deveria ter revisto o seu Anaximandro...

O mesmo erro será cometido pelo jovem Kepler, na sua primeira tentativa, elegante, mas completamente falhada, de explicar os raios das órbitas dos planetas de Copérnico, utilizando esses mesmos sólidos platónicos. Depois de mergulhar profundamente no livro de Copérnico, ele saberá

---

[39] O documento mais antigo que alude a esta máxima é uma nota de um escoliasta anónimo do século IV, identificado, sem certeza, como sendo o retórico Sópatro de Apameia, escrita na margem de um manuscrito de Públio Élio Aristides. A história é reiterada no século VI pelos neoplatónicos Filopono, Olimpiodoro, Elias e David. A fonte mais vezes citada é João Tzetzes, no século XII (Fowler, 1999).

corrigir o erro e encontrar as três leis que governam o movimento dos planetas no decurso do tempo, abrindo caminho para a mecânica de Newton.

Platão não corrigirá o seu erro, mas, independentemente dos sucessos ou insucessos científicos pessoais, a influência do seu programa de matematização do mundo será imensa. Segundo Simplício, é Platão que coloca aos astrónomos a pergunta definitiva: «Qual é o movimento uniforme e ordenado dos planetas que temos de presumir para explicar o seu movimento aparente?» (Fowler, 1999). É a questão de onde parte a astronomia matemática grega, e, depois dela, Copérnico, Kepler, Newton — a ciência moderna. É Platão que sustenta que a astronomia pode e deve tornar-se uma ciência matemática exata. Na sua Academia, Platão rodeia-se dos grandes matemáticos do seu tempo, como Teeteto de Atenas, e é na Academia que o grande matemático e astrónomo Eudoxo de Cnido, amigo e discípulo de Platão, elabora a primeira teoria matemática do sistema solar.

Vinte séculos depois, a descoberta galileana das primeiras leis do movimento terrestre, que marca o nascimento da física matemática moderna, inspirou-se diretamente na doutrina pitagórico-platónica de procura pela verdade matemática escondida por trás das coisas: é a Platão que Galileu deve essa ideia. Podemos dizer que, em grande medida, a ciência ocidental é uma realização do programa anaximandro-pitagórico-platónico de procura de *leis*, e *em particular de leis matemáticas*, dissimuladas sob o véu das aparências.

Mas, antes de se tornar lei matemática, a ideia de *lei* governando os fenómenos naturais de forma *necessária*, completamente ausente nos séculos precedentes, nasce em Mileto, e com toda a probabilidade no pensamento de Anaximandro.

Os Gregos passarão os séculos seguintes à procura dessas leis, e encontrarão muitas delas. Encontrarão, por exemplo, as leis matemáticas que regem o movimento dos planetas *no céu*. Galileu, motivado pela sua fé no programa de Anaximandro, Pitágoras e Platão, procurará e encontrará as leis matemáticas que governam o movimento dos corpos *na Terra*. E Newton mostrará que as leis do céu e da Terra são as mesmas.

É um longo caminho, uma grande aventura, que começa com a ideia de Anaximandro de que essas leis existem e de que elas governam o mundo *segundo a necessidade*. As leis de Galileu e de Newton, na base de toda a tecnologia moderna, são leis que mostram como é que, *«segundo a necessidade»*, as variáveis físicas mudam *«de acordo com a ordem do tempo»*.

VI.

Quando a revolta se torna virtude

Como já o referi, na tradição antiga, Tales é considerado um dos «Sete Sábios» da Grécia. Os Sete Sábios são figuras mais ou menos históricas, que os Gregos reconheceram e respeitaram como tendo sido os fundadores do seu pensamento e das suas instituições. (Outro Sábio, contemporâneo de Tales e de Anaximandro, é Sólon, o autor da primeira constituição democrática de Atenas.) Anaximandro seria apenas 11 anos mais jovem do que Tales. Ignoramos a natureza da sua relação; em particular, não sabemos se a especulação de pensadores como Anaximandro e Tales era privada, ou se existia em Mileto uma «escola» segundo o modelo da Academia de Platão ou do Liceu de Aristóteles, que acolheram professores e estudantes, e que se articularam em torno de discussões públicas, lições e palestras. Os textos do século v descrevem debates públicos entre filósofos. Já teriam esses debates lugar na Mileto do século vi?

Como veremos no capítulo seguinte, o século vi grego marca a emancipação da leitura e da escrita do círculo restrito dos escribas profissionais, acabando estas por se difundir por vastas camadas da população e praticamente por toda a classe aristocrática dominante. Qualquer aluno da escola primária sabe que aprender a ler e a escrever não é fácil; e a tarefa era certamente ainda mais difícil nos primeiros séculos da difusão do alfabeto fonético, quando a escrita era muito menos omnipresente do que é hoje. Os jovens gregos teriam, portanto, de aprender a ler de uma maneira ou de outra, com a ajuda de pessoas mais velhas e experientes. Embora não tenha encontrado informação a respeito deste assunto, parece-me legítimo imaginar que existissem, nas grandes cidades gregas do século vi, professores, precetores ou escolas. A combinação do ensino e da procura intelectual, que faz da universidade de hoje as escolas filosóficas da Atenas clássica, podia perfeitamente estar já estabilizada no século vi. Por outras palavras, não me parece absurdo avançar com a hipótese de que existia, efetivamente, uma verdadeira «escola» em Mileto.

Seja como for, é evidente que a grande especulação teórica de Anaximandro tem as suas raízes na de Tales. Além da identidade das questões abordadas — a procura pelo princípio de todas as coisas, a forma do cosmos, a explicação naturalista de fenómenos como os tremores de terra —, a herança de Tales manifesta-se em numerosos detalhes. Assim, a Terra de Anaximandro, ainda que ela se ponha a voar, permanece um disco, idêntico ao disco de Tales, que flutua sobre a água. A relação intelectual entre Tales e Anaximandro é muito estreita: o pensamento do segundo decorre e alimenta-se da reflexão do primeiro. Tales é, no sentido figurado, e talvez no sentido literal, o *mestre* de Anaximandro.

É importante analisar de perto esta estreita relação de filiação intelectual entre Tales e Anaximandro, porque ela representa a pedra angular da contribuição de Anaximandro para a história do pensamento.

O mundo antigo está cheio de *Mestres* do pensamento e dos respetivos discípulos. Basta pensar, por exemplo, em Confúcio e Mêncio, Moisés e Josué e todos os profetas, Jesus Cristo e Paulo de Tarso, Buda e Kaundinya... Mas a relação entre Tales e Anaximandro é profundamente diferente daquela que esses «grandes discípulos» tiveram com os seus mestres. Mêncio enriquece e aprofunda o pensamento de Confúcio, mas evita questionar as suas afirmações. Paulo de Tarso concebe a base teórica do cristianismo, mas nem critica nem coloca à discussão os ensinamentos de Jesus Cristo. Os profetas aprofundam a descrição do deus Jeová e a sua relação com o seu povo, mas certamente não com base numa análise dos erros de Moisés.

Face à herança do seu mestre Tales, a atitude de Anaximandro é profundamente nova. Ele insere-se plenamente na sua problemática, apropria-se das suas intuições maiores, da sua forma de pensar, das suas conquistas intelectuais, mas *critica frontalmente* as afirmações do mestre. Ele põe em questão o conjunto do ensinamento de Tales. O mundo é feito de água, diz Tales? Não, isso é falso, diz Anaximandro. A Terra flutua sobre a água, diz Tales? Não, isso não é verdade, sustenta Anaximandro. Os tremores de terra devem-se às oscilações da Terra no meio que a suporta, diz Tales? Não, isso é falso, responde Anaximandro, eles são causados pelas fraturas da Terra. E assim por diante. Eis o que diz, por exemplo, Cícero, que não esconde a sua perplexidade (*Academicorum priorum* II, 37.118):

Tales sustenta que todas as coisas são feitas de água... Mas desse facto ele não convence Anaximandro, que é, para mais, seu concidadão e seu companheiro.

Não que a crítica esteja ausente do mundo antigo. Basta ler a Bíblia, onde o saber religioso babilónico é duramente criticado: Marduque é um «falso deus», os seus sacerdotes são «diabos» que devem ser trucidados, etc. No mundo antigo, a crítica existe — e de que maneira! —, tal como a adesão total ao ensinamento de um mestre. Mas entre os dois, entre a crítica e a adesão, não há meio-termo. Na geração seguinte à de Anaximandro, na grande escola pitagórica, neste aspeto muito mais arcaica do que a escola de Mileto, floresce uma reverência total em relação ao pensamento de Pitágoras, que não pode ser objeto de crítica (*Ipse dixit* é uma fórmula que se refere originalmente a Pitágoras e que aponta para o facto de que, se Pitágoras afirmou alguma coisa, então isso *deve* ser a verdade).

A meio caminho entre a reverência absoluta dos pitagóricos para com Pitágoras, de Mêncio para com Confúcio, de Paulo para com Cristo, e a rejeição feroz de alguém que pensa de maneira diferente de nós, Anaximandro enceta uma terceira via. O respeito de Anaximandro por Tales é claro, e é evidente que ele se apoia inteiramente nas conquistas intelectuais do mestre. E, *ainda assim*, ele não hesita em dizer que Tales se enganou, neste ou naquele aspeto, e que é possível fazer melhor. Nem Mêncio, nem Paulo de Tarso, nem os pitagóricos compreenderam que essa terceira via, estreita, é o caminho do conhecimento.

Toda a ciência moderna decorre da descoberta da eficácia dessa terceira via. A possibilidade de conceber essa terceira via não pode vir senão de uma teoria do conhecimento implícita e sofisticada, segundo a qual a verdade é acessível, mas apenas gradualmente, e através de refinamentos sucessivos. Platão saberá articular muito bem esta ideia. A verdade está encoberta, mas ela é acessível através de uma longa prática, quase devocional, da observação, da discussão e da razão. A Academia é manifestamente fundada sobre esta ideia, assim como o Liceu de Aristóteles. Toda a astronomia alexandrina se desenvolve a partir da contínua discussão das hipóteses dos mestres.[40]

---

[40] A ideia difundida de que a astronomia de Ptolomeu seria dominada por uma reverência à física de Aristóteles é profundamente errónea. A principal contribuição teórica de Ptolomeu foi a introdução do ponto equante, que viola, de forma flagrante, os princípios do

Aquele que primeiro pôs em prática essa terceira via foi Anaximandro. Foi ele o primeiro a enunciar e a aplicar esse credo fundamental do cientista moderno: é preciso *estudar a fundo os mestres*, compreender as suas conquistas intelectuais, apropriar-se delas, e, graças ao conhecimento adquirido, *trazer à luz os seus erros*, retificá-los, e, dessa forma, compreender o mundo *um pouco melhor*.

Basta pensar nos maiores cientistas da época moderna. Não foi isso precisamente o que eles fizeram? Copérnico não acordou numa bela manhã com a ideia de que o Sol está no centro do sistema planetário. Ele não afirmou que o sistema de Ptolomeu era um disparate.[41] Se tivesse agido dessa forma, teria sido incapaz de construir uma nova e eficaz representação matemática do sistema solar, ninguém teria acreditado nele, e a revolução copernicana nunca teria ocorrido. Pelo contrário, Copérnico está maravilhado com a beleza do saber astronómico alexandrino, resumido no *Almagesto*, de Ptolomeu; e mergulha profundamente no estudo desse saber. Apropria-se dos seus métodos, valoriza a sua eficácia. É *dessa forma* que ele consegue, nos recessos do pensamento de Ptolomeu, detetar as suas limitações e, em última análise, encontrar maneira de o melhorar em complexidade. Copérnico é filho de Ptolomeu, num sentido muito preciso: o seu livro, *De Revolutionibus Orbium Coelestium*, é muito semelhante, inclusive na forma e no estilo, ao *Almagesto*, de Ptolomeu. É quase uma reedição corrigida. Ptolomeu é o pensador que Copérnico reconhece como seu mestre, com quem aprende tudo o que sabe. Mas para avançar, é imperativo declarar que Ptolomeu se enganou. E não unicamente nos detalhes: ele enganou-se nas suas hipóteses mais fundamentais e, aparentemente, mais sólidas. Não é verdade, como sustenta Ptolomeu, numa longa e muito convincente argumentação no início do *Almagesto*, que a Terra está imóvel no centro do Universo.

Exatamente a mesma relação liga Einstein a Newton e, mais simplesmente, liga inúmeros artigos científicos contemporâneos a artigos anteriores através do sistema de citações. No cerne da força do pensamento científico está o contínuo questionamento de hipóteses e de resultados anteriores; questionamento que, todavia, assenta, antes de mais, no profundo reconhecimento do valor do conhecimento contido nesses mesmos resultados.

---

movimento aristotélico (ou platónico): os planetas de Ptolomeu *não* viajam a uma velocidade constante nos seus círculos.

[41] Como, infelizmente, é hoje em dia apresentado em numerosos manuais escolares.

Trata-se de um equilíbrio delicado, que não é nem evidente nem natural. De tal modo que, como já o referi, toda a especulação dos primeiros milénios da história escrita da Humanidade nos tem passado ao lado. Esse delicado ponto de equilíbrio, perseguir e prosseguir a via aberta pelo mestre, criticando o mestre, tem uma data de nascimento precisa na história do pensamento humano — a posição que Anaximandro toma face ao seu mestre Tales.

A ideia fará imediatamente escola. Anaximandro apodera-se dessa via e propõe uma versão modificada (e muito mais rica) da teoria do seu predecessor. A via da crítica está aberta, e não mais se deterá: Heráclito, Anaxágoras, Empédocles, Leucipo, Demócrito... cada um dirá a sua verdade a respeito da natureza das coisas do mundo, numa multiplicação de pontos de vista, num crescendo de críticas recíprocas, que unicamente ao observador distraído poderão aparecer como uma cacofonia. Pelo contrário, trata-se do triunfo do pensamento científico, o início da exploração das formas possíveis do pensamento do mundo. O início dessa demanda que nos foi proporcionado pelo essencial do que aprendemos na escola e por quase tudo o que sabemos sobre o mundo.

De acordo com uma tese clássica, uma revolução científica comparável à que ocorreu no Ocidente não teve lugar na civilização chinesa, que, não obstante isso, foi, durante muitos séculos, e em mais do que um aspeto, largamente superior à nossa, precisamente porque, no pensamento chinês, o *mestre* nunca é criticado, nunca é posto em questão.[42] O pensamento chinês desenvolveu-se através do enriquecimento e do aprofundamento, não por alguma vez ter posto em causa a autoridade intelectual. Essa parece-me uma hipótese razoável; não encontro outra explicação para o facto, inacreditável, de a grande civilização chinesa não ter conseguido compreender que a Terra é redonda antes de os Jesuítas lá chegarem e o explicarem. Na China, talvez nunca tenha havido um Anaximandro.

Ou, se houve um, o imperador, provavelmente, mandou que lhe cortassem a cabeça.

---

[42] Sobre este argumento, ver Lloyd (2002).

VII.

Escrita, democracia e mescla de culturas

Nos capítulos anteriores, sustentei a tese de que uma parte importante da metodologia científica teve as suas origens nas reflexões da escola de Mileto, em particular nas de Anaximandro. Serão de origem milésica o naturalismo, o primeiro recurso aos termos teóricos, a ideia de lei natural que determina de forma necessária o encadeamento dos fenómenos no tempo; e, acima de tudo, a combinação do respeito e da crítica dentro de uma mesma linha de procura intelectual, e a ideia geral de que o mundo possa não ser tal como nós o concebemos. Que, para o compreender, possa ser necessário reformular profundamente a imagem que dele temos.

Pode parecer surpreendente que, na história do mundo, todas essas coisas tenham surgido juntas, quase de repente. Porquê nesse preciso momento? Porquê no século VI? Porquê na Grécia? Porquê em Mileto? Não é difícil identificar alguns elementos que poderão servir de resposta a estas perguntas.

1. A Grécia arcaica

Entre as civilizações que dominam a escrita, falei já da novidade radical da estrutura *política* da Grécia do século VI a.C. Novidade radical não só em relação aos mundos egípcio, mesopotâmico e, de um modo geral, de todo o Médio Oriente mas também em relação à estrutura política e social da própria Grécia.

Quase um milénio antes de Anaximandro, particularmente entre os séculos XVI e XII a.C., uma próspera civilização florescia já na Grécia em centros como Micenas, Argos, Tirinto e Cnossos. É aproximadamente nessa época que se desenrolam os acontecimentos cantados na *Ilíada* (embora a obra em si tenha sido, sem dúvida, composta muito mais tarde); uma época que permaneceu na memória do povo grego como uma fabulosa era de esplendor.

Atualmente, essa civilização é conhecida por micénica, ou, mais corretamente, por egeia: Micenas é a primeira cidade cujas fundações foram encontradas por arqueólogos, mas não é o seu principal centro. Essa civilização deixou-nos vestígios de grandes palácios, de ricos túmulos, de soberbos frescos (fig. 14) e peças de artesanato elaboradas.

A partir de 1450 a.C., o reino de Micenas passou a dominar Creta, berço de uma civilização milenar. Ao longo dos séculos XIV e XIII, a expansão micénica continua, com os Gregos finalmente a apoderarem-se da posição dominante no Mediterrâneo Ocidental, detida até então pelos Cretenses. Conquistam Rodes, Chipre, em seguida, Lesbos, Troia e Mileto, chegando até à Fenícia, a Biblos e à Palestina.

De Creta, a civilização micénica herda o uso da escrita. Trata-se de uma escrita chamada «linear B», que é completamente diferente do Grego clássico. É possível ver um exemplo de linear B na fig. 15.

A descodificação da linear B só foi realizada nas últimas décadas, e abriu uma janela sobre a civilização micénica. A imagem que daí resulta é inesperada: a de um mundo cuja estrutura social e política está muito mais próxima da Mesopotâmia do que da Grécia dos séculos seguintes.

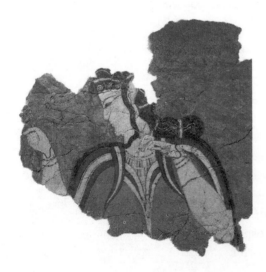

Fig. 14: Esplêndido fresco micénico do século XIII a.C., batizado de «Dama de Micenas». Representa uma deusa a receber uma oferenda.

 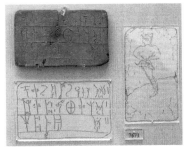

Fig. 15: Tábuas do século XIII a.C., escritas em linear B (Museu arqueológico nacional de Atenas). A da direita fala de uma encomenda de lã.

Com efeito, a sociedade micénica organiza-se em torno de grandes «palácios», onde vivem o soberano e a sua corte. Este é uma figura divina ou semidivina e desempenha um papel de intermediário entre os deuses e a sociedade. Concentra em si todos os poderes, políticos e religiosos. A corte é o centro político, económico e organizacional — o centro de acumulação da riqueza e do poder. Recolhe toda a produção do território e acolhe as trocas comerciais, incluindo as mais longínquas: foram encontrados objetos de origem micénica até na Irlanda. A corte dispõe de uma administração estruturada, em que a escrita desempenha um papel importante. Esta é praticada por escribas profissionais. Os seus arquivos contabilizam tudo o que diz respeito à produção agrícola, à pecuária, aos diferentes grupos profissionais (devendo cada um deles um pagamento à corte em matérias-primas e artefactos), aos escravos, privados ou reais, a todos os tipos de taxas impostas pelo Palácio aos indivíduos e à coletividade, ao número de homens exigidos a cada aldeia para o serviço militar, às unidades do exército, aos sacrifícios aos deuses, às oferendas previstas, etc. (Vernant, 1962). Não é reservado nenhum lugar para as iniciativas individuais. Todas as trocas passam pelo palácio, que é o centro da rede. É exatamente a estrutura política e social do mundo mesopotâmico.

O mundo micénico desmorona-se na viragem do milénio, por razões que permanecem obscuras: a explicação tradicional invoca «a invasão dos Dórios». Seguem-se vários séculos apelidados de «Período homérico», que não deixam praticamente nenhum vestígio de civilização. Desse período, não restam nem palácios, nem objetos, nem testemunhos escritos. O comércio parece ter ficado paralisado; as condições de vida regridem, sem dúvida, muito.

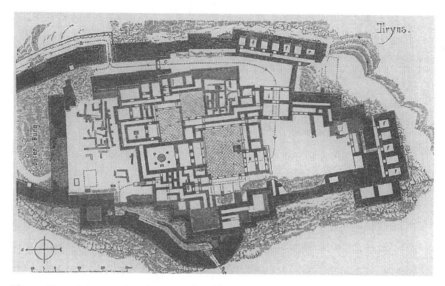

Fig. 16: Plano do palácio de Tirinto.

Podemos conjeturar que, sob a pressão das dificuldades económicas e sociais desse período, se tenha iniciado a emigração grega, ou que esta conheça, pelo menos, um forte incremento, com a subsequente criação de colónias na Ásia Menor, no Mar Negro, em Itália e noutros lugares.

O fim do «Período homérico» situa-se por volta dos séculos VIII e VII a.C., ou seja, dois séculos antes de Anaximandro. Os comerciantes fenícios reatam o contacto entre o mundo grego e o Oriente, interrompido desde o colapso do Império Micénico. A Grécia recomeça a prosperar, o comércio é retomado e rapidamente ganha um grande dinamismo, sendo acompanhado por um forte impulso demográfico. A agricultura evolui de culturas de subsistência, como o trigo, para culturas destinadas ao comércio, como a vinha e o azeite. O sistema de colónias e o comércio que ele permite tornam-se fonte de prosperidade. Os vestígios arqueológicos são novamente abundantes, bem como os testemunhos escritos. Mas, desta vez, a escrita utilizada já não é a linear B da era micénica; é uma escrita completamente nova, assente num alfabeto herdado dos Fenícios.

2. O alfabeto grego

O desenvolvimento do comércio tece, com efeito, um contacto muito estreito com o mundo fenício, que há muito que domina o comércio marítimo no Mediterrâneo. Graças a esse contacto, os Gregos aprendem o uso do alfabeto fenício, que adaptam à sua própria língua. Aquando dessa adaptação, verifica-se uma evolução cuja importância não pode ser subestimada.

O alfabeto grego e o alfabeto fenício parecem muito semelhantes; mas não o são. Ambos são compostos por menos de 30 letras, que são, essencialmente, as mesmas nos dois alfabetos. O seu funcionamento é, contudo, profundamente diferente.

O alfabeto fenício é consonântico: apenas as consoantes são escritas. A frase anterior, por exemplo, apareceria como esta num alfabeto consonântico:

lfbt fnc cnsnntc: pns s cnsnts s scrts.

Para conseguir ler tal escrita, é necessário ter já uma ideia bastante precisa daquilo de que se fala e saber reconhecer grupos de consoantes que indiquem esta ou aquela palavra. O sistema funciona bem num contexto limitado, como o da contabilidade ou o do registo de transações comerciais, mas revela-se muito pouco funcional em circunstâncias mais genéricas.

Um alfabeto consonântico pode parecer uma ideia um pouco paradoxal, mas estamos a falar de uma invenção que representa um imenso progresso em relação às formas de escrita precedentes, utilizadas durante milénios, como a escrita cuneiforme, difundida na Mesopotâmia desde o quarto milénio a.C., a escrita hieroglífica, introduzida um pouco mais tarde, no Egito, ou a linear B, da Grécia micénica.

As escritas cuneiforme e hieroglífica, além de determinados elementos fonéticos, funcionam com centenas de símbolos diferentes. É indispensável conhecer cada palavra para conseguir escrevê-la, ou mesmo reconhecê-la num texto. O exercício é difícil e requer uma grande perícia, o que, por sua vez, implica uma longa aprendizagem. A escrita permanece como competência de escribas profissionais. Os soberanos e os príncipes da alta antiguidade não sabem ler nem escrever.[43]

---

[43] Uma exceção, particularmente notável, é talvez a de Hamurabi. Muitas das suas mensagens parecem ter sido escritas pelo seu próprio punho. Recordo que, quinze séculos mais tarde, Carlos Magno não sabia ler nem escrever.

O alfabeto consonântico fenício, provavelmente concebido tendo em vista a simplificação das exigências de eficiência e de flexibilidade de um povo de comerciantes, simplificou consideravelmente a escrita.

Em vez de centenas de símbolos, bastavam cerca de 30. As suas combinações, regidas pela sucessão de sons consonânticos no seio de cada palavra, codificam a escrita de forma astuta e eficaz. Mas é ainda necessária uma competência particular para conseguir reconstruir uma palavra a partir das suas consoantes. Ler um texto não é um exercício fácil, que possa ser realizado enquanto pensamos noutra coisa, como quando falamos. A aprendizagem necessária para adquirir o domínio da escrita, tal como a competência específica requerida para a utilizar, é ainda reservada a uma minoria.

Por volta de 750 a.C., pouco mais de um século antes do nascimento de Anaximandro, os Gregos apropriam-se do alfabeto fenício. São então confrontados com um detalhe crucial: a fonética indo-europeia é mais simples do que a fonética semítica — o Grego tem menos consoantes do que o Fenício. Ainda hoje, o Português ou o Francês têm menos consoantes do que o Árabe: basta pensar nas diversas guturais que o caracterizam. Alguns símbolos do alfabeto fenício, aqueles que correspondem aos sons das consoantes ausentes na língua grega, permanecem, portanto, *não utilizados*. Esses símbolos são: α, ε, ι, ο, υ, ω.

Alguém, na Grécia, teve uma ideia: utilizar esses símbolos para representar as *vogais*. As diferentes inflexões vocálicas, quando acopladas a uma mesma consoante — ba, be, bi, bo... —, pronunciadas em fenício pela mesma letra β, podem agora ser distinguidas por escrito, escrevendo βα, βε, βι, βο... Parece insignificante, mas isso revoluciona o mundo.

Com efeito, é assim que nasce o primeiro alfabeto *fonético* completo da história da Humanidade. Tendo em conta as dificuldades anteriores, ler e escrever torna-se quase uma brincadeira de crianças: para escrever, basta aprender a ouvir atentamente os sons de cada sílaba, e a decompô-los nos seus componentes consonânticos e vocálicos. Pelo contrário, para ler, basta soletrar a sequência das letras escritas: «b», «a»... «ba»!, como aprendemos a fazer na escola primária, para que um texto comece literalmente a «falar--nos», mesmo sem qualquer conhecimento prévio das palavras escritas.

A primeira tecnologia capaz de conservar uma cópia da voz humana havia nascido.

Porque é que esta reforma da escrita, bastante simples, no fim de contas, teve de esperar pelos Gregos? Será que ninguém pensou nisso durante os

Escrita, democracia e mescla de culturas

quatro milénios anteriores em que a escrita já era utilizada? Não é completamente evidente que a escrita fonética é uma boa ideia?

Não tenho resposta para estas perguntas, mas talvez as seguintes considerações sejam pertinentes. Se é assim tão evidente que uma escrita fonética é uma ideia razoável, por que razão é que a França, a Inglaterra, os Estados Unidos e a China continuam a utilizar línguas que violam manifestamente os princípios da escrita fonética? (Basta pensar que, em francês, se continua a escrever e-a-u [água] para uma palavra que se pronuncia «o»...[44] Em mandarim, há muito poucos elementos fonéticos.) É evidente que a rigidez mental da Humanidade é muito mais poderosa do que qualquer «bom senso». Talvez fosse necessário um povo novo e sem cultura para recomeçar, partindo de bases mais sensatas.

Ou talvez um povo que tivesse utilizado a escrita cinco séculos antes; que tivesse perdido a aptidão para escrever, mas conservado a memória da escrita. E que poderia, portanto, ter para com a escrita dos povos vizinhos uma atitude aberta, capaz de reconhecer imediatamente o seu valor, sem ser subjugado pelo mistério de uma técnica exótica e incompreensível.

Podemos talvez imaginar que um mercador inteligente ou um político grego encontrassem frequentemente antigas inscrições micénicas respeitantes a vestígios da lendária civilização cantada na *Ilíada*, que não poderiam ter desaparecido por completo no século VII. Esse mercador podia, portanto, saber que, no tempo do antigo esplendor, os seus antepassados eram capazes de escrever. Entrando em contacto com os escribas fenícios, esse homem podia aperceber-se da utilidade e do superlativo interesse de tal técnica sem, por isso, se sentir obrigado a copiá-la, de forma completamente acrítica, em todos os seus detalhes.

A adaptação do alfabeto fenício à língua grega é tão razoável e tão bem concebida que me parece legítimo presumir que não foi o resultado de uma transformação fortuita, mas antes de um processo cultural consciente. Raramente a evolução natural conduz a estruturas desprovidas de exceções e de inconsequências. Penso que as regras do alfabeto grego puderam ser decididas «à volta de uma mesa», a partir do estudo do alfabeto fenício. Tanto quanto sei, a única outra língua que funciona com uma escrita completamente fonética é o Esperanto, exemplo típico de uma língua

---

[44] A introdução do acordo ortográfico de 1990 impossibilita, no que a este caso diz respeito, dar exemplos em português. [N. do T.]

construída artificialmente. Note-se que, ainda na idade clássica, Atenas legislava a respeito da utilização da letra η.

Seja como for, em meados do século VII, o jovem mundo grego dispõe, pela primeira vez na história da Humanidade, de um verdadeiro alfabeto fonético.

Nas sociedades antigas, a escrita era competência exclusiva dos escribas, e o saber ligado à escrita era ciosamente guardado como um segredo. Eis, por exemplo, o texto de uma tábua cuneiforme dita «do conhecimento secreto», encontrada em Nínive (reproduzida na fig. 17):

> *Secreta tábua do Céu, conhecimento exclusivo dos grandes deuses. Tu não deves ser divulgada!*

> *O escriba não pode ensiná-la senão ao filho que ama. Ensiná-la a outro escriba da Babilónia, ou a outro escriba de Borsipa ou a qualquer outra pessoa é um sacrilégio para com os deuses Nabu e Nisaba (deuses da escrita).*

> *Nabu e Nisaba não validarão como mestre aquele que disso falar em público. Condená-lo-ão à pobreza e à indigência e fá-lo-ão morrer de hidropisia!*

Que interesse poderiam ter os escribas em difundir o saber, em simplificar a escrita? Acabar no desemprego? Que interesse poderiam ter os soberanos em tornar a escrita um bem comum? Acabarem perseguidos, como os reis gregos?

Fig. 17: Tábua «do conhecimento secreto» (Museu Britânico).

A vontade de manter secreto o conhecimento não desaparece, certamente, do mundo grego nos séculos seguintes. Continua a ser dominante na escola pitagórica, tal como o foi, mais tarde, em diferentes centros alexandrinos de conhecimento, muitas vezes por motivos militares. Marselha, em particular, é célebre na antiguidade pelo secretismo que envolve as suas técnicas militares. A mesma política vigora hoje, por exemplo, no Departamento de Defesa americano, que protege com zeloso sigilo os resultados da sua investigação científica. Mas numa Grécia sem escribas, sem grandes soberanos, sem palácios e sem poderosas castas sacerdotais, nasce uma forma de saber que não só não é secreta como é ostensivamente divulgada.

Que enorme distância cultural separa o segredo das tábuas cuneiformes e os seus epígonos contemporâneos do Pentágono, da franca atitude de Anaximandro que abre caminho para a ciência ao consignar todo o seu saber num livro escrito em prosa, para que todos possam lê-lo! Para que cada um possa dele apropriar-se e criticá-lo, como ele próprio criticou Tales...

Durante os séculos VII e VI a.C., na Grécia, pela primeira vez na história do mundo, a escrita tornou-se suficientemente simples para ser amplamente acessível; o saber não é mais património exclusivo de uma confraria restrita de escribas, mas um património partilhado por uma grande classe dominante. Pouco tempo depois, serão escritas as imortais obras de Safo, Sófocles e Platão...

3. Ciência e democracia

> *O gentlemen, the time of life is short!*
> *And if we live, we live to tread on kings...!*
>
> *Meus senhores, o tempo de vida é breve!*
> *Se vivermos, será para espezinhar reis...![45]*
>
> (Shakespeare, *Henrique IV*, ato V, 2)

No fim do «Período homérico» é, por conseguinte, uma civilização muito original aquela que se apresenta ao mundo. Uma civilização muito

---

[45] William Shakespeare, *Henrique IV* (trad. de Gualter Cunha), Lisboa, Relógio D'Água, 2013, 2.ª edição revista, p. 155. [N. do T.]

Anaximandro de Mileto ou o nascimento do pensamento científico

diferente da sua antepassada micénica. Os grandes palácios desapareceram. O rei semidivino desapareceu. Na Grécia, política e culturalmente renascente, já não há nem poder central, nem autoridade religiosa organizada, nem igreja ou casta sacerdotal poderosa, nem um livro santo. Pela primeira vez, fala-se da cidade, a pólis, como uma entidade autónoma, que toma decisões por si mesma. Essas decisões são muitas vezes moldadas pela participação direta, pelo livre debate de todos os cidadãos.

A estrutura política dessa pólis é extremamente variada e complexa: monarquias, aristocracias, tiranias, democracias, partidos políticos em competição uns com os outros; em seguida, constituições, como a de Sólon, são escritas e reescritas. Em suma, assiste-se a um contínuo pôr em causa da gestão da coisa pública. As pólis gregas são lugares onde uma ampla classe de cidadãos, dos quais grande parte sabe agora ler e escrever, debate a forma de estruturar o poder e de tomar decisões importantes da melhor maneira possível.

Paralelamente a essa dessacralização e laicização da vida pública, que passa das mãos dos reis-deuses para as mãos dos habitantes das cidades, abre-se um processo de dessacralização e de laicização do saber. A lei que Anaximandro procura para compreender o cosmos é irmã da lei que os cidadãos da pólis procuram para se organizarem. Em ambos os casos, já não se trata da lei divina. Em ambos os casos, a lei já não é *outorgada* de uma vez por todas, mas sim continuamente *discutida*.

As antigas cosmologias que formam os mitos fundadores, do *Enūma Eliš* babilónico à *Teogonia*, de Hesíodo, narram um mundo onde a ordem cósmica é estabilizada pela presença de um grande deus, Marduque ou Zeus. Após um longo período de confusão e de conflito, esse deus triunfa e estabiliza a ordem global, que é, ao mesmo tempo, ordem cósmica, ordem social e ordem moral. A *Teogonia*, de Hesíodo, é um hino à glória de Zeus, fundador e garante de todas as coisas. É a ordem mental de uma sociedade que nasce e que se organiza em torno da figura e do poder do soberano, principal motor e garante da própria civilização.

No momento em que as cidades gregas expulsam os reis, quando descobrem que uma coletividade humana altamente civilizada não necessita de um rei-deus para existir, que, antes pelo contrário, ela floresce melhor *sem* rei-deus, nesse momento, a leitura da ordem do mundo liberta-se da sujeição aos deuses criadores e ordenadores, e novos caminhos abrem-se para compreender e ordenar o mundo.

Conceber uma estrutura política democrática significa aceitar que as melhores decisões possam emergir do *debate* entre todos, muito mais do que da autoridade de um só; a ideia de que a *crítica* pública das propostas é útil para poder escolher as melhores de entre elas; a ideia de que se pode *argumentar* e convergir para uma conclusão. Estas são as hipóteses de base da busca científica de conhecimento.

A base cultural do nascimento da ciência é, pois, também a base do nascimento da democracia: a descoberta da eficácia da crítica e do diálogo entre pares. Anaximandro, que critica abertamente o seu mestre Tales, não faz senão transpor para o terreno do conhecimento uma prática já corrente na ágora de Mileto: não aceitar, de modo acrítico e reverencial, o divino, ou o semidivino, quem na altura manda, mas criticar a proposta da autoridade. Não para lhe faltar ao respeito, mas com base numa consciência partilhada de que há sempre uma proposta melhor.

Os Gregos encontram a sua identidade cultural na poesia de Homero, que canta o seu passado glorioso, mas os deuses de Homero são objetos poéticos, nem muito credíveis nem muito majestosos; foi já escrito que não há poema menos religioso do que a *Ilíada*.[46] Nesse mundo sem centro, sem deuses fortes, está aberto o espaço para outro tipo de pensamento.

A relação entre a nova estrutura social e política e o nascimento do pensamento científico é, portanto, transparente.[47] Os pontos comuns são evidentes: a laicização; a ideia de que as leis e os pensamentos dos antigos não são necessariamente os melhores; a ideia de que as melhores decisões podem emergir mais do *debate* do que da autoridade do soberano ou da reverência à tradição; a ideia de que a crítica pública de uma proposta é útil para discernir as suas fraquezas; a ideia de que se pode argumentar e convergir para uma conclusão.

De certa forma, é da «descoberta» do método científico que se trata: alguém propõe uma ideia, uma explicação. E o processo tem início: tomamo-la seriamente em consideração, criticamo-la; propomos outra, confrontamo-la com a anterior. A extraordinária descoberta é a de que este processo pode *convergir*. Desse modo, um grupo pode chegar a uma convicção comum, ou a uma convicção maioritária, e, assim, a uma decisão eficaz e partilhada.

---

[46] P. Mazon, *Introduction à l'Iliade*, Les Belles Lettres, 1967.

[47] Esta relação é realçada em diversos estudos clássicos, em particular nos notáveis trabalhos de Vernant (1962, 1965).

No domínio do saber, a descoberta é a de que dar livre curso à crítica, permitir o questionamento, dar a palavra a todos e considerar seriamente todas as propostas não conduz a uma cacofonia estéril. Pelo contrário, isso permite excluir as hipóteses que não funcionam e fazer emergir as melhores ideias.

Esta situação não durará muito tempo. Alguns séculos depois, o Império Romano voltará a colocar o poder nas mãos de um só, e o cristianismo voltará a colocar o saber nas mãos do divino. A união do imperador e da Igreja restabelecerá a teocracia.

Mas, durante alguns séculos, os homens libertaram-se da teocracia. No tempo de Anaximandro, Mileto é independente, mas unida por uma liga às outras cidades jónicas. A liga não encarna o domínio de uma cidade sobre as outras, mas delimita um espaço comum onde decisões e interesses podem ser debatidos. O lugar de reunião dos membros da liga jónica é, talvez, um dos mais antigos «parlamentos» da história do mundo, se não *o* mais antigo do mundo. No preciso momento em que os homens substituem os palácios pelos parlamentos, esses mesmos homens observam o mundo à sua volta, libertam-se do obscurantismo do pensamento místico--religioso e começam a compreender como é que funciona o mundo em que vivemos. A Terra não é um grande prato: é uma pedra que flutua no espaço.

4. A mescla de culturas

No século VI, Mileto era uma das cidades mais ricas e florescentes, mas não era a única, seguramente. Porquê Mileto? Talvez não faça muito sentido procurar uma resposta demasiado precisa para este tipo de questão, mas um fator importante salta aos olhos.

Mileto é o último posto avançado grego antes dos reinos do Médio Oriente. A cidade está em contacto estreito com o próspero reino da Lídia, na vanguarda da política monetária. Ela comercia com o mundo mesopotâmico. Tem um entreposto no Egito. Tem colónias desde o Mar Negro até Marselha. Em suma, Mileto é, de longe, a cidade grega mais aberta ao mundo, particularmente aos impérios antigos e às suas seculares culturas.

As civilizações florescem quando se misturam; definham quando se isolam. Os grandes momentos de crescimento cultural correspondem sempre

Escrita, democracia e mescla de culturas

aos grandes encontros entre civilizações. O Renascimento italiano foi desencadeado pela chegada à Europa do saber árabe; a grande época da ciência alexandrina nasceu do encontro entre a Grécia clássica e o antigo saber egípcio e babilónico, nas ruas de Alexandria e da Babilónia onde entrou Alexandre, *o Grande*. A poesia de Roma floresce quando Roma se deixa fecundar pela civilização grega, apesar da tosca e reacionária oposição dos Catões que, bradando inutilmente, imaginavam preservar a pureza da identidade cultural itálica. Essa mesma pureza cultural que, ainda hoje, mexe com os menos inteligentes dos nossos concidadãos, aterrorizados com a chegada dos «outros».

O nascimento da escrita, quatro mil anos antes, na Suméria, onde a civilização nasce, surge, provavelmente, do encontro entre a cultura suméria e os povos acadianos: a primeira língua escrita de que temos registo é, na verdade... duas línguas: o Sumério e o Acádio. De todas as tábuas cuneiformes de que dispomos, algumas das mais antigas são dicionários Sumério-Acádio... Os exemplos da fertilidade da mescla de culturas são incontáveis.

Estas considerações também lançam luz sobre a verdadeira originalidade da organização política da pólis. Não sei se as tribos indo-europeias ou se outras tribos nómadas de outras regiões do mundo tinham uma estrutura política centralizada, dominada por um rei-deus absoluto. Provavelmente não: a distribuição do poder por uma assembleia de homens livres existia, sem dúvida, muito antes da pólis grega. Encontramo-la, por exemplo, nas tribos germânicas descritas por Tácito, séculos mais tarde, e parece-me difícil de imaginar que a origem dessas assembleias de homens livres esteja na pólis grega. Aquilo que há de novo na pólis grega não é a partilha do poder entre homens livres: é o encontro entre esta estrutura e a riqueza cultural do mundo mediterrânico, acumulada nos palácios dos monarcas divinos. Esse encontro introduz na Grécia a escrita, a observação sistemática do céu, os rudimentos da matemática, a arquitetura dos grandes templos... Em resumo, ensina-a a pensar de uma forma infinitamente maior quando comparada com a forma de pensar de uma tribo de guerreiros nómadas.

Mileto é o lugar onde a emergente civilização grega e o velho saber do Médio Oriente se encontram. Segundo a tradição, Tales viaja para a Babilónia e para o Egito, onde mede a altura das pirâmides: haverá imagem mais simbólica do encontro entre o novo pensamento geométrico grego e a antiquíssima tradição egípcia? Sólon parte em viagem, de acordo com Heródoto (*Histórias*, I, 29), movido «pela curiosidade». Das viagens de Anaximandro, os antigos não fazem referência explícita senão a estadas em Esparta e na colónia de Apolónia, no Mar Negro. Mas as influências estrangeiras são evidentes, alguns estudos recentes sugerem mesmo relações com a cultura iraniana.

O próprio Platão, dois séculos depois, evoca as viagens ao Egito, e as discussões com os sacerdotes egípcios, que alguns Gregos teriam tido no tempo de Sólon, ou seja, no de Anaximandro, para aí aprenderem coisas desconhecidas na Grécia... Da recíproca fecundação entre o saber tradicional mediterrânico e a novidade político-cultural do jovem mundo indo-europeu grego nasce a enorme revolução cultural de Mileto.

Heródoto escreveu um pequeno texto que capta esse momento mágico da história da Humanidade de uma forma maravilhosa. Ele relata uma experiência vivida no decurso de uma viagem ao Egito, que, na sua opinião, faz eco de uma experiência análoga à de Hecateu, o geógrafo e historiador milésico que aperfeiçoou o mapa do mundo de Anaximandro. Eis as palavras de Heródoto:

> *Quando Hecateu, o historiador, chegou a Tebas, vangloriou-se da sua ascendência, afirmando que um dos seus antepassados da décima sexta geração era filho de um deus. Os sacerdotes egípcios agiram para com ele exatamente como agiram para comigo, ainda que eu não me tenha vangloriado da minha família: acompanharam-me até ao santuário no interior do templo, que é uma ampla sala, e mostraram-me um grande número de colossais estátuas de madeira. Contaram-nas à minha frente, mostrando-me que elas perfaziam exatamente o número que me tinham referido. O costume era que cada sumo sacerdote tivesse a sua estátua no templo. Mostrando-me os rostos, dando-me os seus nomes, os sacerdotes asseguraram-me que cada estátua representava o filho do sumo sacerdote representado pela estátua precedente, repetindo-se em toda a série, desde a estátua do sumo sacerdote que acabara de falecer até à do primeiro.*

Escrita, democracia e mescla de culturas

Quando Hecateu fez menção a um deus na décima sexta geração da sua genealogia, eles opuseram a sua genealogia à dele, recusando-se a acreditar que um homem pudesse ter nascido antes de um deus. Cada estátua representava um nobre, ou seja, um homem, filho de outro nobre, e a totalidade do seu número era de trezentos e quarenta e três. Na série das estátuas, um nobre sucedia a um nobre, e, nessa série, não havia nem deus nem heróis.

(Heródoto, *Histórias*, II, 143)

A riqueza de detalhes com que Heródoto se dedica a narrar este episódio, aproximando a sua própria experiência daquela que deve ter lido no texto de Hecateu, dá testemunho da profunda impressão que deve ter causado, na cultura grega, o encontro com a antiquíssima tradição egípcia. Hecateu, tal como todos os Gregos, pensa que o mundo tem menos de uma vintena de gerações e gaba-se da sua ascendência divina; mas os sumos sacerdotes conduzem-no para dentro do ancestral e obscuro templo egípcio e mostram-lhe a prova, difícil de questionar, de *trezentas e quarenta e três* gerações de civilização *humana*. O curto passado helénico é ridicularizado. Se esta experiência foi vivida por Hecateu e Heródoto, ela terá sido, sem dúvida, igualmente vivida por muitos outros ilustres visitantes gregos, como Tales e Anaximandro. Como o escreve Shotwell, em 1922, através de uma bela imagem.

Talvez não nos enganemos muito se datarmos — tanto quanto estas coisas podem ser datadas — o momento decisivo do despertar crítico e científico grego através de um desses encontros na sombria câmara interior do grande templo de Tebas. É preciso não esquecer que foi o visitante grego, e não o sábio sacerdote egípcio, que, naquele dia, aprendeu uma lição. [...] Talvez tenha sido a partir daí que o pensamento crítico grego ascendeu no mundo ocidental e que nasceu esse espírito livre e corajoso de procura que se tornará a marca do pensamento grego.

Neste caso, Shotwell fala do nascimento da historiografia, mas as suas palavras valem *a fortiori* para o espírito científico em geral.

Como o macaco de Kubrick diante do monólito em *2001, Odisseia no Espaço*, um Grego, diante das estátuas egípcias que contradizem, espetacularmente, a sua orgulhosa visão do mundo, talvez tenha começado a pensar que as nossas certezas podem também ser postas em causa.

É o encontro com a alteridade que abre os nossos espíritos, ridicularizando os nossos preconceitos.

Tudo isto, diga-se de passagem, pode servir-nos de aviso: sempre que, como nação, como grupo, como continente ou como religião, nos fechamos sobre nós mesmos celebrando a nossa *identidade*, mais não fazemos do que celebrar as nossas próprias limitações e cantar a nossa própria estupidez. Cada vez que nos abrimos à diversidade e que estamos atentos à diferença, contribuímos para o enriquecimento e para a inteligência da raça humana. Um «ministério da identidade nacional» como o recentemente instituído em alguns países da Europa é um ministério da obtusidade nacional.

VIII.

O que é a ciência?
Pensar Anaximandro depois de Einstein e Heisenberg

> *A ciência de que quero falar não nasceu*
> *com a revolução copernicana ou com a filosofia helénica,*
> *mas no momento em que Eva colheu a maçã:*
> *é a exigência de saber, que faz parte da natureza humana.*
>
> Francesca Vidotto (2006)

A ciência começou então com Anaximandro? A pergunta está mal colocada: depende daquilo que escolhemos chamar «ciência», uma palavra que é muito genérica. Atendendo ao significado, mais ou menos amplo, que damos a essa palavra, a ciência começa com Newton, Galileu, Arquimedes, Hiparco, Hipócrates, Pitágoras ou Anaximandro. Ou com um astrónomo babilónico cujo nome desconhecemos, ou com o primeiro símio que descobriu como ensinar às suas crias aquilo que havia aprendido, ou com Eva, como na citação que abre este capítulo... De forma mais ou menos histórica ou simbólica, cada um desses momentos marca a aquisição, por parte da Humanidade, de um novo instrumento crucial para o desenvolvimento do conhecimento.

Se por «ciência» entendemos a investigação baseada numa atividade *experimental* sistemática, então ela começa mais ou menos com Galileu. Se a concebemos como um conjunto de observações quantitativas e de modelos teórico-matemáticos capazes de ordenar essas observações com o intuito de fornecer *previsões* corretas, então a ciência inclui também a astronomia de Hiparco e de Ptolomeu.[48] E assim por diante. Destacar a pertinência de um

---

[48] Esta é a tese central do magnífico livro de Lucio Russo (1996), que talvez contenha alguns exageros, mas cujo quadro geral me parece difícil de rebater.

momento inicial, como procurei fazer com Anaximandro, é apenas chamar a atenção para um *aspeto* do percurso da aquisição do conhecimento. É pôr em evidência certas características da ciência e, implicitamente, refletir sobre o que é a procura do saber, sobre o seu modo de funcionamento.

O que é o pensamento científico? Quais são os seus limites? O que é que, em última análise, ele nos ensina? O que é que o caracteriza e como é que podemos confrontá-lo com outras formas de conhecimento?

A reflexão em torno de Anaximandro dos capítulos precedentes foi, antes de mais, motivada por estas perguntas. Ao regressar à forma como Anaximandro abriu caminho para o pensamento científico, procurei esclarecer alguns aspetos desse mesmo pensamento. Gostaria agora de tentar tornar mais explícitas essas considerações e de incluir as contribuições de Anaximandro numa discussão mais ampla, respeitante ao sentido e à natureza desse pensamento.

1. O colapso das ilusões do século XIX

A reflexão sobre a natureza do conhecimento científico tem sido animada ao longo das últimas décadas. As leituras propostas por filósofos, de Carnap a Bachelard, de Popper a Kuhn, Feyerabend, Lakatos, Quine e van Fraassen, e muitos outros, alteraram a nossa compreensão do que é a atividade científica.[49] Em larga medida, essa reflexão foi desencadeada por um choque: o inesperado colapso da física newtoniana, ocorrido no início do século XX.

No século XIX, era costume dizer-se que Newton foi não apenas um dos mais inteligentes homens que a Humanidade jamais produziu mas também o mais afortunado: porque existe um único conjunto de leis fundamentais, e foi ele, Newton, que teve a sorte de as encontrar. Hoje em dia, essa ideia faz-nos sorrir e revela o grave erro epistemológico cometido no século XIX: a ideia de que as boas teorias científicas são *definitivas*, válidas para a eternidade.

O século XX acabou com essa ilusão. Rigorosas experiências demonstraram que, num sentido muito preciso, a teoria de Newton é incorreta. Mercúrio, por exemplo, *não* se move segundo as leis de Newton. Albert

---

[49] Uma boa introdução, em francês, aos debates contemporâneos na filosofia das ciências é a de Ulises Moulines (2006).

Einstein, Werner Heisenberg[50] e os seus colegas encontraram um novo conjunto de leis fundamentais — a relatividade geral e a mecânica quântica — que substituíram as leis de Newton, e que funcionam bem, até mesmo onde as leis de Newton deixam de ser válidas, explicando, por exemplo, a órbita de Mercúrio ou o comportamento dos eletrões nos átomos.

A lição foi aprendida: hoje, poucas pessoas acreditam que «desta vez, temos as leis definitivas». Pensar que as novas leis de Einstein e de Heisenberg encontrarão os seus limites, e que um dia elas serão substituídas por leis ainda melhores, tornou-se uma perspetiva consensual.[51] Na verdade, os limites das novas teorias já estão a aparecer. Existem incompatibilidades subtis entre a teoria de Einstein e a de Heisenberg, que não nos permitem pensar que dispomos das leis finais e definitivas do mundo. É por isso que continuamos à procura. O meu trabalho enquanto físico teórico consiste em participar nessa procura de leis capazes de unificar a teoria de Einstein e a de Heisenberg.

A questão-chave é a de que estas duas teorias, a relatividade geral e a mecânica quântica, *não* são pequenas correções à teoria de Newton. Não se trata da retificação de uma equação, de limpar o pó a velhas fórmulas, ou mesmo da adição de novas fórmulas. Estas novas teorias constituem duas transformações radicais na nossa imagem do mundo. Para Newton, o mundo é um grande espaço vazio no qual se movimentam «partículas», semelhantes a pequenas pedras. Einstein entende que esse próprio espaço vazio é como um mar numa tempestade. Pode dobrar-se, curvar-se e até mesmo (nos famosos buracos negros) romper-se. Ninguém, antes de Einstein, tinha seriamente contemplado essa possibilidade.[52] Quase ao

---

[50] A descoberta da mecânica quântica é uma obra coletiva: além de Heisenberg, há que mencionar Planck, Bohr, Schrödinger, Pauli, Dirac, Born... A prova de que a crítica recíproca pode também dar os seus frutos no seio de uma mesma geração.

[51] Alguns cientistas, infelizmente, ainda caem nessa esparrela e sustentam que nós já temos, ou que estamos a ponto de ter, a teoria final do mundo, a «Teoria de Tudo».

[52] O matemático alemão Carl Friedrich Gauss, considerado um dos «maiores matemáticos da modernidade», já tinha levado a sério a ideia de que o espaço físico pudesse ser curvo. Conta-se, embora pareça não existir prova dessa asserção (Miller, 1972), que Gauss teria organizado uma expedição para verificar a hipótese, medindo os ângulos de um grande triângulo formado por três picos montanhosos (num espaço curvo, a soma dos ângulos de um triângulo não é 2π, como num espaço plano), mas teria mantido a coisa secreta por receio de parecer ridículo. Autêntico ou não, o episódio sublinha o modo como a ideia era original um século antes de Einstein.

mesmo tempo, de Broglie, Schrödinger, Heisenberg e outros compreendem que as partículas de Newton não são partículas, mas sim estranhos híbridos, qualquer coisa entre uma onda e uma partícula, que correm sobre as teias de Faraday. Em síntese, no século xx descobre-se que a estrutura do mundo é profundamente diferente da que imaginara Newton.

Por um lado, estas descobertas confirmam a capacidade cognitiva da ciência. Tal como as descobertas de Newton e de Maxwell nos séculos anteriores, elas conduzem rapidamente a um impressionante desenvolvimento tecnológico, que altera, uma vez mais, a nossa sociedade. Das intuições de Faraday e de Maxwell nascem a rádio e todas as telecomunicações. Das de Einstein e de Heisenberg, o computador, a energia atómica e milhares de outras revoluções tecnológicas que mudaram as nossas vidas.

Mas, por outro lado, a descoberta de que a imagem newtoniana do mundo era falsa é desconcertante. Depois de Newton, pensávamos ter definitivamente compreendido a estrutura basilar do mundo físico. Enganámo-nos. Um dia, as imagens do mundo construídas por Einstein e Heisenberg também serão apresentadas como erradas. Mas significa isso, então, que não podemos confiar nas imagens do mundo que nos oferece a ciência, a melhor ciência? O que é que sabemos verdadeiramente sobre o mundo? O que é que nos ensina verdadeiramente a ciência?

2. A ciência não se reduz a previsões verificáveis

Apesar das suas incertezas, a ciência é uma fonte de segurança. A teoria de Newton não perdeu o seu valor depois de Einstein: se eu precisar de calcular a força do vento numa ponte, tanto posso utilizar a teoria de Newton como a de Einstein. A diferença entre as duas é muito pequena no que à precisão com a qual conseguirei calcular a força do vento diz respeito; as correções que a relatividade geral traz em relação a um problema concreto, como a construção de uma ponte que não se desmorone, são completamente supérfluas. A teoria de Newton está perfeitamente adaptada a este problema e é o que de mais fiável existe. Dito de outra maneira, existem *domínios de validação* das teorias, definidos pela precisão com que observamos e avaliamos o mundo. A teoria de Newton conserva toda a sua força e fiabilidade para todos os objetos que se movam a uma velocidade muito inferior à da luz. Num certo sentido, ela foi reforçada pelos trabalhos de

Einstein, porque a partir daí ficámos *também* a conhecer os seus critérios de aplicabilidade. Se um engenheiro fizer um cálculo usando as equações de Newton, e nos disser que o telhado que vamos construir é demasiado fino e que colapsará com o primeiro nevão, seríamos demasiado estúpidos se não prestássemos atenção ao seu conselho, alegando o facto de Newton ter sido contrariado por Einstein.

É com base neste tipo de certezas que podemos tranquilamente confiar na ciência. Por exemplo, se estivermos com uma pneumonia, a ciência diz--nos que, se nada fizermos, há uma forte probabilidade de morrermos, mas que, se tomarmos penicilina, há uma excelente probabilidade de cura. Não é desse tipo de saber que devemos duvidar: podemos estar tranquilamente *seguros* de que a probabilidade de sobrevivência aumenta consideravelmente com a penicilina, independentemente de qualquer compreensão profunda do que é uma pneumonia. O aumento da probabilidade de cura, dentro de certa margem de erro que é conhecida, é uma previsão científica segura.

Poderíamos, portanto, limitar-nos a considerar uma teoria como interessante apenas se ela nos providenciar *previsões*, corretas dentro de um determinado domínio de validação e com uma conhecida margem de erro. Poderíamos mesmo chegar ao ponto de afirmar que fornecer previsões é a única função útil e interessante das teorias — que o resto é inútil.

Foi esse o rumo que tomou uma parte da reflexão moderna sobre a ciência. Um rumo razoável, mas pouco convincente, uma vez que deixa em aberto a questão: o mundo é como o descreveu Newton, como o descreveu Einstein ou nem um nem outro? Sabemos nós alguma coisa do mundo ou não sabemos nada? Se tudo o que podemos dizer é «eis aqui o conjunto de equações adaptadas para calcular certos efeitos físicos de uma forma mais ou menos aproximada», então a ciência perde toda a capacidade de nos ajudar a compreender o mundo. Deste ponto de vista, o mundo permanece, à luz do nosso saber científico, inteiramente incompreensível.

O problema que ocorre com essa redução da ciência às suas previsões verificáveis é que ela não faz justiça nem à prática da ciência, nem à forma como a ciência verdadeiramente se desenvolve, nem, sobretudo, ao uso efetivo que dela fazemos, e que é, afinal de contas, a razão pela qual ela nos interessa tanto. Passo a explicar o que quero dizer com um exemplo.

O que é que descobriu Copérnico? Do ponto de vista que acabei de apresentar, ele não descobriu *nada*: o seu sistema de previsão não é melhor do que o de Ptolomeu, é *pior*. E como se isso não bastasse, sabemos hoje que o Sol *não* está no centro do universo, como Copérnico acreditava ter descoberto.[53] Que valor tem, portanto, a ciência de Copérnico? Do ponto de vista positivista, exposto anteriormente, *nenhum*.

Mas que sentido pode haver num ponto de vista para o qual Copérnico não tenha descoberto nada? Se nos agarramos a essa posição, teremos de concluir que não era Galileu que estava certo, mas sim o Cardeal Belarmino, que afirmou que o método de cálculo de Copérnico não era senão um método de cálculo, e não um argumento a favor do *facto* de que o Sol estaria *verdadeiramente* no centro do sistema solar, ou de que a Terra seria *verdadeiramente* um planeta como os outros. Mas, se a tese de Belarmino tivesse prevalecido, não teríamos tido nem Newton nem a ciência moderna. E ainda pensaríamos que estávamos no centro do mundo.

Se uma definição da ciência chegar à conclusão de que o *facto* de o Sol estar no centro do sistema solar e de a Terra não estar no centro do universo é algo que não é científico, então receio bem que essa definição tenha mostrado os seus limites.

As previsões científicas são de grande importância, pelo menos por duas razões: porque permitem as aplicações técnicas da ciência (calcular se o telhado colapsará sem ser preciso esperar por um nevão) e porque representam o principal critério de seleção e de verificação das teorias (nós só acreditámos no heliocentrismo porque Galileu viu, um dia, pelo seu óculo, as fases de Vénus, previstas pelo modelo de Copérnico). Mas reduzir a ciência a uma técnica de previsão é confundir a ciência com as suas aplicações técnicas ou trocá-la por um instrumento de confirmação e de verificação.

A ciência não se reduz às suas previsões quantitativas. Não se reduz a técnicas de cálculo, a protocolos operacionais, ao método hipotético-dedutivo. As suas previsões quantitativas, as suas técnicas de cálculo, os seus protocolos operacionais, o seu método hipotético-dedutivo são apenas *instrumentos*, ainda que fundamentais e extremamente apurados.

---

[53] Poderíamos dizer que Copérnico compreendeu que é a Terra que gira em torno do Sol, e não o contrário. Mas mesmo esta afirmação, que permanece verdadeira na teoria de Newton, perde grande parte do seu sentido no âmbito da teoria da relatividade de Einstein, onde tanto a Terra como o Sol seguem trajetórias «geodésicas», e onde nem o Sol nem a Terra definem um referencial privilegiado. Então, a Terra gira mesmo em torno do Sol?

O que é a ciência?

São garantias, provas de clarificação, ferramentas para evitar erros, técnicas para atualizar hipóteses inexatas, etc. Mas não são senão ferramentas e, além disso, são apenas *algumas* das ferramentas úteis à atividade científica. Elas estão ao serviço de uma atividade intelectual cuja substância é completamente diferente.

Os números, as técnicas, as previsões são úteis para sugerir, para testar, para confirmar, para dar uso às descobertas. Mas o conteúdo dessas descobertas nada tem de técnico: o mundo não gira em torno da Terra; toda a matéria à nossa volta é exclusivamente constituída por protões, eletrões e neutrões; no universo, há cem mil milhões de galáxias, cada uma constituída por cem mil milhões de estrelas semelhantes ao nosso Sol; a água da chuva é a água que se evaporou do mar e da terra; há 15 mil milhões de anos, o universo estava comprimido numa bola de fogo; as semelhanças entre pais e filhos são transmitidas por moléculas de ADN; no nosso cérebro há mil biliões de sinapses que, quando pensamos, trocam entre si impulsos elétricos; a ilimitada complexidade da química é inteiramente redutível a simples forças elétricas entre protões e eletrões; todos os seres vivos neste planeta têm um antepassado comum... Estes são *factos* da natureza, que o pensamento científico nos revelou, que mudaram profundamente a nossa imagem do mundo e de nós próprios, e que têm um direto e imenso alcance cognitivo.

A confusão entre a ciência como atividade cognitiva e a ciência como produção de previsões testáveis dá, por outro lado, o flanco a uma nova crítica da ciência, levada a cabo em nome da condenação do «domínio da técnica». Esta crítica, difundida em países como a Alemanha e a Itália, põe em causa a ciência enquanto «reino dos instrumentos», e permanece cega para com o verdadeiro problema, que é o problema dos seus objetivos. A ciência é acusada de ver apenas os meios, não os fins. Mas essa mesma crítica é que confunde os meios com os fins da ciência. Criticar a ciência pelos seus aspetos técnicos é como julgar um poeta pelo tipo de caneta que usa para escrever. A razão pela qual nos interessamos pelo motor do nosso carro não é porque ele faz girar as rodas: é porque ele nos leva para onde não poderíamos ir a pé. Ele não é senão uma engrenagem de um instrumento que nos permite viajar.

3. Explorar as formas de pensamento do mundo

> Ὁ κόσμος ἀλλοίωσις, ὁ βίος ὑπόληψις.
> «O cosmos é mudança,
> a vida é opinião.»
>
> (Demócrito, *fragmento 115*)

O que é então o conhecimento científico à luz destas breves considerações? O objetivo declarado da investigação científica não é o de fazer previsões quantitativas corretas: é o de «compreender» como é que funciona o mundo. O que é que isso significa? Significa construir e desenvolver uma *imagem* do mundo, isto é, uma estrutura conceptual para pensar o mundo, eficaz e compatível com o que dele sabemos.

A razão pela qual a ciência existe é porque somos extremamente ignorantes e temos uma enorme quantidade de preconceitos erróneos. A ciência nasce daquilo que não sabemos («o que é que há por trás da colina?») e do questionamento de tudo aquilo que pensamos saber, mas que não resiste à prova dos factos ou a uma análise crítica inteligente. Pensávamos que a Terra era plana e estava no centro do mundo. Pensávamos que as bactérias eram geradas espontaneamente pela matéria inanimada. Pensávamos que as leis de Newton eram exatas… A cada nova descoberta, o mundo redesenha-se e muda diante dos nossos olhos. Conhecemo-lo de uma forma diferente, e *melhor*.

A ciência consiste em ir mais além, em apercebermo-nos, a partir do momento em que saímos do nosso pequeno jardim, de que as nossas ideias são, muitas vezes, inadequadas. Ela consiste, antes de mais, em desmascarar os nossos preconceitos. Em construir e desenvolver os novos instrumentos conceptuais que nos permitirão pensar mais eficazmente o mundo, em contextos cada vez mais vastos.

O conhecimento científico é o perpétuo processo de modificação e de melhoramento da nossa conceptualização do mundo, colocando em discussão, de uma forma seletiva e continuada, certas hipóteses e crenças básicas, a fim de encontrar as modificações que as tornarão mais eficazes.

O pensamento científico explora e redesenha o mundo, proporciona-nos novas imagens, ensina-nos a própria forma do mundo: ensina-nos a pensar

O que é a ciência?

o mundo e em que termos o pensar. A ciência é uma procura contínua pela melhor forma de *pensar* o mundo, de *olhar* o mundo. É, acima de tudo, uma exploração de novas formas de pensamento. Antes de ser técnica, a ciência é visionária. Anaximandro, que não conhece as equações, é indispensável para se chegar um dia às equações de Hiparco. Giordano Bruno abre não só o universo mas também caminho a Galileu e a Hubble. Einstein questiona-se como é que pareceria o mundo a quem o observasse montado num raio de luz, e relata-nos, na sua obra de vulgarização, que imagina o espaço-tempo como um grande molusco. A ciência sonha novos mundos — e os seus sonhos, por vezes, são melhores a descrever a realidade do que os nossos preconceitos.

Este processo de repensamento do mundo é perpétuo. As maiores revoluções conceptuais, como as de Anaximandro, Darwin ou Einstein, são apenas os seus cumes mais visíveis. A forma como pensamos o mundo e como organizamos hoje o nosso pensamento é muito diferente da de um babilónico de 1000 a.C. Essa profunda mudança é o resultado da muito lenta acumulação de conhecimento que resulta do conjunto dessas alterações. Alguns passos foram já adquiridos: já não dançamos para fazer chover. Outros foram alcançados apenas parcialmente: sabemos que o nosso universo, em rápida expansão, existe há 15 mil milhões de anos, mas nem todos aceitam a ideia. Alguns, obstinados, ultrajados, ainda acreditam que existe apenas há seis mil anos, porque é o que a Bíblia diz. Outros passos foram adquiridos nas comunidades de investigação, mas não integraram ainda o património comum da Humanidade. A estrutura do espaço e do tempo revelada pela relatividade de Einstein, ou a natureza da matéria desvendada pela mecânica quântica, descrevem um mundo muito diferente daquele que é familiar à maioria de nós. Será preciso tempo para nos habituarmos a isso, tal como foram precisos dois séculos para que a revolução copernicana penetrasse na consciência do Homem europeu. Mas o mundo muda, continua a mudar, à medida que o compreendemos. A força visionária da ciência é essa capacidade de ir mais além, de derrubar os nossos preconceitos e de nos revelar novos territórios da realidade.

Esta aventura apoia-se em todo o conhecimento acumulado, mas a sua alma é a perpétua mudança. A chave do saber científico é a capacidade de não ficar agarrado às nossas certezas, às nossas imagens, de estar pronto para as mudar, e mudá-las ainda mais, em função de observações, de debates, de novas ideias, de novas críticas. A natureza do pensamento científico é essencialmente crítica, rebelde, intolerante a todo o *a priori*, a toda a reverência, a toda a verdade eterna.

4. A evolução da imagem do mundo

A principal intuição do grande filósofo da ciência, Karl Popper, é a de que a ciência não é um conjunto de propostas verificáveis, mas que é antes constituída por complexas teorias que podem, na melhor das hipóteses, ser globalmente *falsificadas*. Popper compreendeu que o conhecimento científico não é o tipo de conhecimento que podemos controlar através de uma verificação direta, como o positivismo queria. Ele é feito de construções teóricas que, em princípio, podem ser *contraditadas* por observações empíricas. Uma teoria que nos proporciona novas previsões, previsões que são verificadas e que nunca são contraditadas («falsificadas») pela realidade é uma teoria científica válida. Isso não significa que a contradição não surja um dia; se isso acontecer, os cientistas procurarão uma teoria melhor. O conhecimento científico é, portanto, intrinsecamente global, provisório e evolutivo. E o desenvolvimento do saber científico é essencialmente crítico, feito através da reposição em debate daquilo que pensávamos ter adquirido.

O aspeto evolutivo do conhecimento científico foi explorado por Thomas Kuhn.[54] Segundo Kuhn, uma teoria científica é uma descrição do mundo que nos oferece uma estrutura conceptual, um «paradigma», para descrever um conjunto de fenómenos. No âmbito de tal teoria, podemos interpretar os dados experimentais, formular com precisão os problemas que o mundo nos coloca e encontrar ferramentas para os resolver. Os paradigmas podem entrar em crise, se forem falsificados pela experiência — isto é, se nos apercebermos, numa experiência, que as coisas não se comportam como esperávamos, com base na teoria. De forma mais realista, eles entram em crise quando uma multiplicidade crescente de dados empíricos põe em causa o quadro teórico global.

---

[54] A ênfase dada ao carácter histórico-evolutivo do conhecimento científico caracterizou a filosofia das ciências *italianas*, de Enriques a Geymonat, na esteira do historicismo no qual o meu país se viu mergulhado, tanto no campo de Benedetto Croce como no campo marxista. Mas o historicismo italiano talvez não tenha sido capaz de encontrar a linguagem que impusesse as suas ideias para lá dos Alpes, ou, pelo menos, do outro lado do Atlântico.

Numa tal situação de crise, uma teoria alternativa pode aparecer, sendo capaz de explicar os fenómenos apreendidos pela teoria precedente, bem como os novos dados. A nova teoria pode, então, destronar a antiga e tomar o seu lugar. Em certos casos, a «revolução» institui uma estrutura conceptual, um vocabulário, em completo desacordo com a antiga sabedoria: nos casos extremos, as duas teorias contradizem-se, pura e simplesmente. A ciência oscilaria, portanto, entre períodos «normais», dominados por uma teoria no seio da qual se procura resolver todos os problemas, e períodos «revolucionários», que renovam o paradigma geral e que reinterpretam todos os fenómenos à luz de um novo esquema conceptual.

Essa interpretação da ciência desenvolveu-se em diferentes direções. Sublinhou-se, por exemplo, a ideia de que, mais do que de grandes paradigmas que entram em crise, sendo, por fim, abandonados, a realidade da investigação científica é feita de uma multiplicidade de escolas em competição, que se extinguem por estagnação, quando as dificuldades acumuladas orientam os investigadores para objetos de investigação mais vitais. A tónica foi igualmente colocada na extrema variedade metodológica do processo científico e no facto de que qualquer tentativa de redução dessa vivacidade no âmbito de um *método* universal, garante da fiabilidade do saber científico, não representa um esclarecimento, mas sim a promoção de um impasse.

Esses estudos clarificaram numerosos aspetos do efetivo funcionamento da ciência. Como cientista pessoalmente envolvido nessa aventura, tenho, todavia, a impressão de que alguns pontos essenciais ainda lhes escapam.

O que não é fielmente apreendido por esta filosofia das ciências é a complexa relação que as teorias científicas mantêm entre si e com o resto do nosso saber sobre o mundo. Nas reconstruções que aflorei, as teorias científicas aparecem como estruturas independentes e isoladas, que podem ser livremente construídas, utilizadas, abandonadas, substituídas, testadas umas após as outras. Cada uma delas assenta fundamentalmente no preconceito de que disporíamos de uma estrutura conceptual fixa, e fiável, que nos permitiria passar pelo crivo as teorias científicas, uma depois da outra — a saber, a nossa razão, o nosso senso comum, um pequeno conjunto de hipóteses «evidentes» a respeito do universo.[55]

---

[55] Paul Feyerabend é famoso por ter defendido uma conceção radicalmente liberal da ciência, denominada «anarquismo epistemológico», na qual qualquer filosofia normativa é entendida como sendo um obstáculo ao progresso científico (Feyerabend, 1956).

Este modelo da ciência é, simultaneamente, demasiado radical no abstrato e demasiado conservador no concreto. É radical porque parte do princípio de que cada nova proposta teórica pode nascer de uma *tabula rasa* do pensamento científico. E é conservador porque não reconhece como contingentes as estruturas mais rígidas do nosso pensamento; ao tomá-las por absolutas, ele próprio torna-se, inconscientemente, fator de rigidez, impedindo a natureza revolucionária do pensamento científico. Uma nova teoria científica nunca é uma estrutura caída do céu ou extraída da fantasia de um cientista. Ela é uma modificação do pensamento presente. É na margem que se joga a novidade. Ainda que a margem possa estar na raiz.

Pelo contrário, penso que qualquer teoria científica está inserida na grande complexidade da nossa imagem do mundo. Qualquer boa teoria, por seu turno, representa um novo saber e um elemento dinâmico da evolução dessa *mesma* imagem do mundo.

Kuhn e, sobretudo, Feyerabend ou Lakatos, colocam a tónica nas inegáveis *descontinuidades* da evolução do saber científico e na distância conceptual entre as diferentes teorias. Sem negar o valor dessa importante observação, receio que, ao se levar demasiado longe essa linha de pensamento, se perca de vista a *continuidade*, os aspetos *cumulativos*, que são igualmente inegáveis e que, sobretudo, desempenham um papel de destaque no momento das grandes transformações. O que eles não veem é que aquilo que muda nas grandes revoluções científicas não é o que parecia *razoável*, mas aquilo que *ninguém esperava*.

Um exemplo. Einstein é o vencedor no que às novidades conceptuais e às «revoluções científicas» diz respeito. Quando Einstein introduz a teoria da relatividade restrita, em 1905, ele fá-lo para resolver uma situação típica de crise, semelhante às descritas por Kuhn: a relatividade galileana--newtoniana não parece ser capaz de explicar alguns resultados experimentais; acima de tudo, ela parece ser incompatível com a recente teoria de Maxwell, cuja eficácia em descrever o mundo se torna cada vez mais evidente. A resolução da crise, dentro do espírito da descontinuidade kuhniana, ou melhor, dentro do dogma hipotético-dedutivo, teria consistido na procura de uma nova base teórica que alterasse profundamente as hipóteses de Galileu e de Newton, ou as de Maxwell, ou todas ao mesmo tempo, não tendo nada em comum com elas senão as consequências empíricas.

Não foi nada disso o que Einstein fez. Ele foi bem-sucedido partindo precisamente da hipótese contrária: pressupondo que a *substância* da relatividade galileana-newtoniana, isto é, o equivalente aos referenciais inerciais, ou, mais exatamente, o *facto* de que a velocidade é relativa, está correta. Paralelamente, ele sustenta que as equações de Maxwell e o aspeto central da sua teoria, a existência de campos físicos, estão corretos. Ele preserva em absoluto os aspetos *qualitativos* essenciais de ambas as teorias — precisamente aqueles aspetos que Kuhn afirma que devem mudar no decurso de uma revolução científica! A combinação das duas hipóteses faz cair uma *terceira* hipótese — a simultaneidade é absoluta —, e isso é o suficiente para fazer emergir a nova síntese, a teoria da relatividade restrita. Se essa terceira hipótese era anteriormente colocada de uma *forma tácita*, ela *nunca* tinha sido explicitada. Essa terceira hipótese era considerada inerente à própria noção de temporalidade, e, virtualmente, portanto, como um *a priori* do pensamento.

A revolução de Einstein não consiste, pois, em excluir certas teorias para ensaiar outras novas. Pelo contrário. Consiste em *levar muito a sério* as teorias existentes e em rejeitar um elemento da conceptualização *a priori* do mundo, algo que até então não constituíra um problema. Ela não cria um novo jogo com base em regras claras: ela muda as regras do jogo. O *tempo* não é essa coisa que acreditávamos ser evidente. Ele não tem a forma que Kant considerava como uma condição necessária *a priori* do conhecimento. É o senso comum que é alterado, nas barbas da reverência anglo-saxónica, pelo senso comum.

Portanto, não são diretamente os dados experimentais que provocam o grande salto conceptual que representa a relatividade restrita: foi a crença na eficácia das teorias precedentes que se revelaram empiricamente adequadas, apesar da sua aparente contradição. Esta reconstrução da lógica de uma revolução científica é quase diametralmente oposta à de Kuhn.

O exemplo da relatividade restrita não é único. Copérnico não abandona a estrutura teórica ptolemaica para reorganizar os fenómenos, pressionado por novos dados observáveis. Pelo contrário: graças a uma profunda imersão na astronomia de Ptolomeu, ele encontrou entre os epiciclos e os deferentes a chave conceptual que lhe permitiu reorganizar todo o sistema do mundo. No novo sistema, os deferentes e os epiciclos *ainda existem*, mas uma ideia aparentemente inquestionável — o carácter fixo da Terra — foi abandonada.

E assim por diante: Dirac inventou a teoria quântica dos campos e previu a existência da antimatéria unicamente com base na sua *confiança* na relatividade restrita e na mecânica quântica. Newton compreendeu a gravitação com base numa confiança absoluta na terceira lei de Kepler, e na descoberta galileana que o movimento é determinado pela aceleração, sem quaisquer novos dados experimentais. O próprio Einstein, em 1915, com aquele que talvez seja o seu golpe de génio mais espetacular, descobriu que o espaço-tempo é curvo graças à sua confiança na relatividade restrita e na gravitação newtoniana. Em todos estes exemplos, foi a confiança no conteúdo *factual* das teorias precedentes (conteúdo esse que uma parte da filosofia das ciências gostaria de considerar como o menos pertinente) que permitiu o grande salto em frente.

A realidade das revoluções científicas é mais complexa do que uma reorganização dos dados experimentais numa nova base conceptual. É uma transformação perpétua, *à margem e nos fundamentos* do nosso pensamento global sobre o mundo.

5. Regras do jogo e comensurabilidade

Os golpes de génio que produziram os grandes passos em frente não nasceram da descoberta de novas soluções para problemas bem colocados. Eles nasceram da descoberta de que o problema estava mal colocado. Essa é a razão pela qual a ambição de reformular a questão das revoluções científicas em termos de um problema bem colocado não funciona. A ciência avança através da resolução de problemas, e a solução implica, na maioria das vezes, uma reformulação do próprio problema.

Anaximandro não resolveu um problema colocado pela astronomia babilónica: ele percebe que é a colocação do problema, por parte do pensamento babilónico, que deve ser reformulada. Ele não explica como é que o céu se move *por cima das nossas cabeças*. Ele compreende que o céu *não está apenas por cima das nossas cabeças*. Ptolomeu não resolve os problemas técnicos do sistema de Hiparco por encontrar novos círculos ao longo dos quais os planetas viajam a uma velocidade constante: postula que os planetas viajam a uma velocidade variável, não importa o que digam os que ainda repisam a ideia de que Ptolomeu é escravo da física aristotélica. Copérnico não resolve o mistério das estranhas coincidências do sistema ptolemaico nos termos do problema colocado por Platão, que consiste em explicar a aparência do céu através do movimento *dos planetas*. Ele muda as

O que é a ciência?

regras do jogo: faz a Terra mover-se. E assim por diante: Darwin resolve um problema que *não* foi iniciado no âmbito da biologia do século XIX, porque se acreditava conhecer já a solução.

Isto não se aplica apenas aos maiores avanços da ciência. Na atividade de investigação quotidiana de um cientista, mesmo na mais humilde e na mais insignificante, muitas vezes o passo em frente não é a resposta a um problema bem colocado: é a tomada de consciência de que o problema, para ser resolvido, terá de ser reformulado. Os estudantes que fazem as suas teses de doutoramento sob a minha orientação surpreendem-se geralmente com o facto de, após três anos de trabalho, o conteúdo da tese *não* ser a solução do problema colocado à partida. Contudo, se o problema tivesse sido bem colocado de início, não teriam sido precisos três anos para o resolver.

Uma vez mais, a força da ciência não reside na sua liberdade de considerar teorias alternativas para, num quadro de regras claras de pensamento, proporcionar um sentido aos dados da experiência. É precisamente o contrário, pois ela reside na sua capacidade de se apoiar em teorias existentes, ou seja, no saber acumulado no passado; na sua capacidade de rever incessantemente esse saber, de o modificar sem cessar, sem nele considerar qualquer aspeto como certo ou imutável, nem mesmo os seus fundamentos aparentemente mais sólidos.

Uma das consequências deste ponto de vista é a de que essa incomensurabilidade entre teorias científicas de que fala a filosofia das ciências contemporâneas não existe. As teorias, os seus êxitos, as suas aproximações e os seus erros traduzem-se harmoniosamente umas nas outras. A descoberta de Copérnico de que a Terra gira em torno do Sol permanece válida nos esquemas conceptuais newtonianos e einsteinianos. Em todas as vezes, a descoberta é traduzida e reexpressa na nova linguagem. Essa nova linguagem pode ser muito diferente da de Copérnico, mas não é menos verdade que a descoberta é perfeitamente reconhecível e que, na realidade, ela constitui um dos *ingredientes*-chave da construção dos novos esquemas conceptuais.

A prova mais evidente dessa continuidade talvez seja dada justamente pela revolução copernicana: protótipo de revolução científica e de reorganização conceptual. O *Almagesto*, de Ptolomeu, e o *De Revolutionibus Orbium Coelestium*, de Copérnico, são dois dos mais belos livros de ciência alguma vez escritos. Entre um e outro, o mundo balança: para um, há a Terra e o Céu. Uma categoria que inclui todos os objetos quotidianos e a Terra sobre a qual caminhamos, e um outro que junta a Lua, o Sol, as estrelas e os planetas. No primeiro, o Sol está numa categoria, Mercúrio, Vénus, Terra, Marte, Júpiter e Saturno noutra, e a Lua, por sua conta, numa terceira. Num, estamos imóveis. No outro, estamos num pião que viaja a 40 quilómetros por segundo. É possível imaginar um salto conceptual mais formidável? É possível falar de estruturas intelectuais mais diferentes? Bem, abramos os dois livros. Como já observei, o livro de Copérnico parece quase uma reedição corrigida do livro de Ptolomeu! A mesma linguagem, a mesma matemática, os mesmos epiciclos, os mesmos deferentes, as mesmas tabelas de funções trigonométricas, a mesma minuciosa mistura de inspiração grandiosa; tudo é extraordinariamente idêntico e muito diferente de tudo o que foi escrito antes e depois deles. Ptolomeu e Copérnico não se situam em lados opostos de uma barreira de incomunicabilidade; não estão empenhados em dois programas de investigação diferentes. Eles são parte integrante do mesmo programa de investigação. Se há duas pessoas que se entendem, são Ptolomeu e Copérnico. Dir-se-ia que são um casal.

Portanto, a ciência não avança recomeçando do zero. Avança através de pequenos passos. As mudanças podem afetar questões fundamentais. Podemos mudar o mastro do barco. Ou mesmo a quilha. Mas jamais construímos um barco novo. Reparamos infinitamente o único barco que temos; o barco da nossa compreensão do mundo — o nosso único instrumento para navegar na infinita surpresa do real. Ao longo dos séculos, o barco torna-se irreconhecível: entre as rodas que levam as estrelas de Anaximandro e o espaço-tempo de Einstein, muita água passou sob a quilha. Mas ninguém começou do zero, propondo uma estrutura conceptual completamente nova. Porquê? Porque não somos capazes disso. Porque não saímos do nosso pensamento. O pensamento transforma-se a partir de dentro, passo a passo, numa confrontação cerrada e constante com aquilo para o qual todo o nosso pensamento está inclinado: a realidade. Mas o espaço dos pensamentos pensáveis é ilimitado, e dele não explorámos senão uma minúscula parcela. O mundo está diante de nós, com tudo para ser descoberto.

6. Elogio da incerteza

Voltamos, por fim, à questão inicial. Se ele não cessa de se transformar, porque é que o saber científico é digno de fé? Se amanhã vamos pensar o

O que é a ciência?

mundo de uma forma diferente da de Newton ou da de Einstein, porque é que devemos levar a sério a atual descrição científica do mundo?

A resposta é extremamente simples: porque, em cada momento da nossa história, essa descrição do mundo é a *melhor* de que dispomos. O facto de ela própria ser suscetível de melhoramentos nada retira ao facto de ser um aguçado instrumento para compreender e pensar o mundo. Ninguém deita fora uma faca porque talvez exista outra mais aguçada.

Na verdade, longe de afetar a fiabilidade, o aspeto evolutivo da ciência é precisamente a razão da sua fiabilidade. As respostas científicas não são definitivas, mas são, quase por definição, *as melhores respostas de que dispomos hoje.*

Não sei se tratar uma determinada doença com a erva utilizada por um qualquer curandeiro é uma prática «científica»; mas a partir do momento em que a eficácia dessa erva é comprovada, essa erva torna-se, imediatamente, um remédio «científico» para essa doença. Essa é, com efeito, a origem de numerosos medicamentos utilizados comumente pela «medicina científica». O nome de Newton foi sinónimo de «ciência» durante três séculos. Mas quando Einstein encontrou uma maneira de pensar diferente da de Newton, ninguém interpretou esse avanço como um fracasso da ciência. Einstein apareceu, simplesmente, como um cientista que viu mais além do que Newton.

A ciência oferece as melhores respostas precisamente porque ela *não* considera as suas respostas como definitivamente verdadeiras; é por isso que ela é sempre capaz de aprender, de acolher novas ideias.[56]

Por outras palavras, a ciência é a descoberta de que o segredo do conhecimento é simplesmente o de estarmos dispostos a aprender. Não

---

[56] A incompreensão deste argumento alimenta o anticientismo contemporâneo. Por exemplo, a legislação de vários Estados norte-americanos determina que a teoria de Darwin não seja dada nas escolas públicas, ou que seja dada em igualdade de circunstâncias com o criacionismo bíblico, segundo o qual o mundo foi criado há 6000 anos, exatamente como é hoje, com fósseis já incrustados nas rochas. Tentativas semelhantes foram recentemente levadas a cabo em Itália. O argumento dos partidários destas leis é o de que «a ciência não está segura das suas próprias teses». O equívoco reside na confusão entre a afirmação de que uma teoria é definitiva e a constatação de que ela é melhor do que outra. Não sei se este potro é o mais rápido do mundo, mas é um facto que ele corre mais depressa do que aquele asno. Não temos a certeza de que a teoria de Darwin absorva toda a história dos seres vivos, mas podemos afirmar, sem sombra de dúvida, que ela o faz infinitamente melhor do que o criacionismo bíblico. *Disso* estamos certos.

acreditarmos que chegámos à derradeira verdade. A fiabilidade da ciência não assenta na certeza, mas sim numa radical ausência de certeza. Na sua capacidade de aceitar a crítica. Como escreve, em 1859, John Stuart Mill, no seu livro *Sobre a Liberdade* (Mill, 2019).

> *As nossas convicções mais fundamentadas não assentam em quaisquer outras garantias senão num permanente convite a todos para que as demonstrem infundadas.*

A ciência não é assim tão diferente do senso comum. Ela esforça-se, com instrumentos mais requintados, por satisfazer a mesma necessidade: aprender a evoluir no mundo. A sua estratégia é a mesma — atualizar constantemente os nossos esquemas mentais. Quando chego a uma nova cidade, rapidamente tenho uma ideia aproximada dela. Se aí me instalar, a minha imagem mental da cidade continua a enriquecer e a aprofundar-se, e apercebo-me de que algumas das minhas primeiras impressões estavam erradas. E também de que, sem dúvida, nunca conhecerei suficientemente bem a minha cidade. Saber que existe, em princípio, um mapa melhor da cidade em nada diminui o valor daquele que tenho *hoje*. Esse processo de aquisição de conhecimento é também aquele que guia a ciência. A Humanidade está neste universo como o forasteiro está numa cidade ainda desconhecida.

A observação pura, que Bacon queria colocar na base da sua nova religião da ciência, como fundamento certo de todo o conhecimento, não existe. Assim como não existe a razão pura que Descartes tinha por garantia de toda a certeza. Tanto o empirismo de Bacon como o racionalismo de Descartes tinham um objetivo polémico: substituir a Tradição, na qual assentava a sabedoria medieval, por um novo critério de verdade. As suas filosofias, explosivas, liberatórias, quebraram as correntes que amarravam o conhecimento à Tradição, libertaram a crítica e abriram as portas da modernidade.

Contudo, sabemos hoje que, se as observações e a razão são as nossas melhores ferramentas para conhecer, nem a observação nem a razão podem fundar um saber seguro. Não existe um dado empírico puro, porque toda a perceção é profundamente estruturada pelo nosso cérebro, pelo nosso pensamento e pelos nossos preconceitos. Tal como não existe um procedimento de absoluta reconstrução racional que nos permita estabelecer certezas, porque não podemos prescindir de hipóteses múltiplas e complexas. Se o fizermos, deixamos de pensar. Não existe um método certo para encontrar sempre a verdade: acabamos sempre por nos enganar. Aquilo que o pensamento crítico libertado por Bacon e Descartes demonstrou é precisamente que as observações assentam sempre sobre uma enorme estrutura conceptual preexistente e que as mais evidentes hipóteses da razão (as «ideias claras e distintas») podem ser falsas. Umas e outras não podem existir senão em relação a um saber já largamente estruturado, e já cheio de erros.

Não existe, portanto, nenhuma base certa e incontestável sobre a qual fundar o nosso saber. De todas as vezes que sucumbimos à ilusão de ter em mãos a teoria científica definitiva sobre o mundo, a ponta da meada que nos permitiria, por fim, estabelecer a certeza do conhecimento, acabámos por perceber que estávamos ainda mais enleados.

O mesmo se aplica à própria ideia de realidade. Fecharmo-nos num idealismo que nega a existência da realidade para reduzir tudo ao pensamento é inútil, porque o nosso pensamento é, apesar de tudo, o pensamento *da* realidade. É próprio do nosso pensamento e da nossa linguagem referir--se a algo de externo: ao mundo, à realidade. De que é que mais trata o nosso saber senão da realidade? Tudo o que sabemos é isso: a realidade. E sabemos muito: sabemos tudo o que aprendemos até agora. A realidade é essa coisa da qual sabemos tanto, mas que continua a surpreender-nos, e da qual imaginamos ainda haver tanto a descobrir, e talvez mesmo aspetos que nunca venhamos a descobrir. A realidade continua a revelar-se muito diferente daquilo que pensamos. Ela continua a revelar-se, tanto quando confirma a imagem que dela temos como quando a contradiz. É essa realidade que nos preocupa e que nos interessa. Referirmo-nos a uma absoluta «realidade última» incognoscível, da qual o nosso conhecimento «nos aproximaria», é inútil, porque dessa hipotética «realidade última» nada sabemos.

✳

O processo continua. A ciência continua a explorar e a propor novas visões do mundo, que serão lentamente testadas pela crítica e pela experiência. Ela avança em todas as frentes. Há programas de investigação que competem entre si e que exploram todas as direções possíveis; e cada programa de investigação é uma composição de programas de investigação concorrentes, e cada manhã de trabalho de um cientista é uma competição de microprogramas de investigação que se encontram à cabeça, que prevalecem uns sobre os outros, que avançam, que recuam, etc. As boas ideias são aquelas que sobrevivem a este processo. As grandes construções teóricas são aperfeiçoadas, por vezes subvertidas na sua base. Continuamos a explorar o espaço ilimitado e virtualmente infinito do pensável.

Na teoria da gravidade quântica em que estou a trabalhar, o tempo não existe a um nível fundamental: ele apenas se torna realidade em situações particulares. (Em 1994, propus a hipótese de que a ilusão do fluxo do tempo seria o reflexo da nossa ignorância a respeito do exato estado do mundo microscópico.) Esse desaparecimento do tempo resulta inelutavelmente das teorias de Einstein e de Heisenberg, se as levarmos a sério — tal como Einstein levou a sério Galileu e Faraday. Se essa dedução, profundamente conservadora, estiver correta, o salto conceptual que teremos de dar a partir daí para combinarmos as teorias de Einstein e as de Heisenberg é radical. Terá de subverter a formulação fundamental do problema da compreensão do mundo proposta por Anaximandro: encontrar as leis que o regem,

«de acordo com a ordem do tempo».

A hipótese alternativa é a de que as leis do mundo governam as *relações* entre os seus diferentes aspetos, e que somente em condições particulares é que essas relações assumem a forma de evolução no tempo. Se assim for, então teremos de mudar alguma coisa, inclusivamente no programa de Anaximandro: teremos de esquecer o *tempo* como estrutura fundamental para organizar a nossa compreensão do mundo. E se conseguirmos contradizer tão profundamente Anaximandro, far-lhe-emos a maior honra de todas, a de termos, por fim, assimilado o seu maior ensinamento: seguir a via de Tales, mas compreender que Tales se enganou.

O anticientismo que hoje grassa agarra-se a uma imagem da ciência feita de certezas, de arrogância, de tecnicismo frio. É curioso. Poucas atividades intelectuais humanas serão, como a ciência, tão intrinsecamente

O que é a ciência?

conscientes dos limites do conhecimento e, ao mesmo tempo, tão ardentes de paixão visionária.

A cada passo, um novo mundo se desenha. A Terra não é o centro do universo, o espaço-tempo é curvo; nós somos primos das joaninhas; o mundo não é feito de alto e de baixo, do céu e da Terra. Como nas sublimes palavras de Hipólita:

> *But all the story of the night told over,*
> *And all their minds transfigur'd so together,*
> *More witnesseth than fancy's images,*
> *And grows to something of great consistency;*
> *But, howsoever, strange and admirable.*

> *Mas, contada toda a história da noite,*
> *Suas mentes, tão alteradas todas,*
> *Atestam mais que imagens fantasistas,*
> *E cresce em substância qualquer coisa;*
> *Seja o que for, estranho e admirável.*[57]

(Shakespeare, *Sonho de Uma Noite de Verão*, V, 1)

Penso que o erro comum é ter medo desta fluidez e procurar a certeza absoluta. Procurar o fundamento, o ponto fixo onde a nossa inquietude se ameniza. Essa demanda é ingénua e contraproducente para a procura do conhecimento.

A ciência é a aventura humana que consiste em explorar as formas de pensar o mundo, disposta a subverter algumas das certezas que tínhamos até aqui. É uma das mais belas aventuras humanas.

---

[57] William Shakespeare, *Sonho de Uma Noite de Verão* (trad. de Maria Cândida Zamith), Lisboa, Relógio D'Água, 2017, p. 124.

IX.

Entre o relativismo cultural e o pensamento do absoluto

> *O paradoxo vital da nossa vida e do nosso pensamento*
> *é que não agimos e não vemos senão dentro de um contexto;*
> *e deixamos de ver e de compreender a partir do momento*
> *em que deixamos de lutar contra as limitações*
> *que esse contexto nos impõe.*
>
> Roberto Unger (2007)

A experiência mostrou-nos que, regra geral, não são apenas os juízos estéticos e éticos que diferem de uma cultura para outra mas também os juízos de verdade e, por vezes, a própria noção de verdade. Este facto levou-nos a aferir a dificuldade de qualquer avaliação de ideias e de juízos inscritos em sistemas de valores ou em sistemas de verdade geograficamente ou temporalmente distantes.

Esta consciência da relatividade dos sistemas de valores e da contingência dos juízos influencia hoje numerosos estudos históricos e culturais. Ela ajuda-nos a libertarmo-nos um pouco do nosso provincialismo natural. Permite igualmente retificar a nossa visão deturpada pelo imperialismo europeu de que somos filhos e que nos leva a crer que o ponto de vista ocidental é o único razoável. Ajuda-nos a compreender que aquilo que é verdadeiro, belo e justo para nós não o é forçosamente para os outros. Se a própria ciência não consegue dar-nos certezas, seríamos completamente obtusos se tomássemos por ouro puro aquilo que somos os únicos a acreditar ser verdadeiro.

Saudável e importante, essa consciência do outro é, no entanto, por vezes, caricaturada numa relativização completa de todos os valores:

a conclusão de que todas as opiniões são igualmente verdadeiras; que todos os juízos éticos e morais devem ser considerados equivalentes; que falar de certo e de errado, ou falar de «verdade», não tem qualquer sentido. Este relativismo cultural radical está, hoje em dia, na moda: espalhou-se pelo público culto de vários países e domina o cenário cultural de algumas grandes universidades americanas. É em referência a estas ideias, por exemplo, que o antidarwinismo é defendido nos Estados Unidos: uma vez que não há critério universal de verdade, não há nenhuma base para não considerar a opinião de que o mundo foi criado há 6000 anos tão legítima como a teoria de Darwin; que se deve, portanto, ensinar em pé de igualdade os dois pontos de vista em todas as escolas do país. Este relativismo caricatural é a consequência de um equívoco profundo.

Levar a sério ideias diferentes das nossas não equivale a afirmar que todas as ideias são iguais. Reconhecer que podemos estar errados não significa que as noções de certo e de errado não façam sentido. Percebermos que um juízo não se forma senão no seio de um complexo ambiente cultural, e que está ligado a muitos outros juízos implícitos, não significa, de modo algum, que não possamos perceber que estamos errados.

Aprofundando um pouco mais, o problema principal deste relativismo cultural radical é que ele se contradiz a si mesmo. É certo que não existem valores de verdade absolutos, a-históricos e aculturais. Nenhum discurso está fora da sua cultura e dos seus sistemas de valores e de verdade. Mas, precisamente por isso, estamos sempre dentro de um sistema cultural, e, dentro desse sistema, não podemos prescindir de escolhas e de juízos.

Aquele que se esforça por negar o sentido destas escolhas fala a partir de onde? Coloca-se fora da cultura para anunciar que é impossível estar fora da cultura? Fora da História, para anunciar que é impossível estar fora da História? Não exprime ele próprio um juízo de valor ou de verdade, um juízo que, a acreditarmos nele, não tem senão um valor relativo?

Nada resulta, estamos *sempre* imersos numa cultura da qual é *impossível* sair. Dentro dessa cultura, a estrutura de pensamento na qual estamos imersos está profundamente impregnada de juízos. Não poderia ser de outra forma, porque pensar é julgar. Viver é decidir, a cada momento. Não existe noção de verdade fora do nosso universo de discurso, e é precisamente por isso que nós não podemos senão permanecer dentro de um sistema e não podemos prescindir da noção de verdade. Pensamos e falamos sempre e unicamente em termos dessa noção, mesmo quando tentamos negá-la.

Por outro lado, isso não implica que devamos assumir que os *nossos* critérios estéticos, éticos e de verdade são absolutos e universais, ou que são os melhores. E isso não implica que devamos preferi-los às variantes que as outras culturas, ou que a própria natureza, ou que a evolução interna do nosso pensamento nos propõem. Porquê? Porque é um aspeto estrutural do nosso universo linguístico estar aberto ao encontro com outros universos linguísticos. As diferentes culturas não são bolhas separadas, são vasos comunicantes.

Elas podem ser diferentes, mas diferença não significa incomunicabilidade. Dificuldade em traduzir não significa impossibilidade de mútua e profunda influência. Fazer necessariamente parte de uma cultura não significa ser incapaz de comunicar com outra cultura. Pelo contrário, dialogar com o outro, quer seja a própria natureza, outra cultura ou um sumo sacerdote egípcio que nos mostra uma longa fila de estátuas, é a característica *essencial* do discurso humano. As diferenças não se contemplam em silêncio: elas influenciam-se, confrontam-se, desafiam-se, e através do seu encontro modificam-se e modificam os seus próprios critérios de verdade. O relativismo cultural é uma idiotice a-histórica que nos torna insensíveis à vívida dialética das culturas.

A diversidade de juízos entre culturas é exatamente do mesmo género da diversidade de opiniões entre grupos ou entre indivíduos no seio de uma mesma cultura. É do mesmo género da diversidade de pensamentos e de opiniões que nos passam pela cabeça: quando estamos indecisos, avaliamos diferentes opiniões e escolhemos. O pensamento humano não é feito de gaiolas culturais estáticas e separadas; é uma mescla perpétua, em todos os planos, em todas as escalas; um perpétuo confronto com outros pensamentos e com esse exterior a que chamamos «realidade».

É certo que podemos, por um instante, dizer que nada importa, que a realidade não é senão um sonho. Tudo isso está muito bem, faz-nos sorrir como Buda; mas depois, se escolhermos continuar a viver na realidade, não podemos senão voltar ao jogo, compreender e *escolher*. Podemos continuar a sorrir, mas não estamos menos em jogo por isso, não compreendemos e decidimos menos.

Acreditamos nos nossos juízos de verdade, somos *fiéis* aos nossos compromissos éticos e *escolhemos* com base nos nossos critérios estéticos, e fazemos isso não por escolha ou ideologia, mas simplesmente porque julgar e escolher é a mesma coisa que pensar e viver. Fazemo-lo a partir de dentro de um sistema de pensamento comum, rico, heteróclito e muito diversificado, mesmo no seio de uma mesma cultura, mesmo na nossa própria cabeça. Estes juízos evoluem, crescem, encontram-se e influenciam-se: alimentam-se de outros juízos.

O facto de o sacrifício de jovens raparigas aos deuses ter sido considerado, em tempos, como uma coisa justa e boa não invalida a possibilidade de, hoje em dia, considerarmos esse ato como algo de bárbaro. A consciência da variabilidade histórica e cultural do juízo não nos dispensa de julgar. Torna-nos apenas mais inteligentes e mais abertos e permite-nos julgar melhor aquilo que devemos julgar.

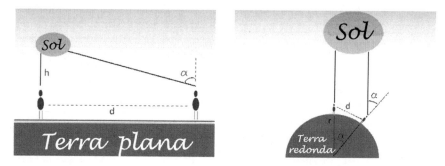

Fig. 18: A altura do Sol varia com a latitude. À direita, a interpretação de Eratóstenes: o Sol está muito longe, e a variação da altura do Sol deve-se à esfericidade da Terra; medindo-a, é fácil deduzir o raio (r) da Terra. À esquerda, a interpretação chinesa: a Terra é plana, e a variação deve-se à pequena distância do Sol; medindo-a, mede-se essa distância (h), que é pequena.

*

Gostaria de dar um exemplo entre mil da confusão que reina em relação a este ponto. Um exemplo que tem que ver com a história do pensamento científico que está a ser tratado nestas páginas.

Li recentemente um belo artigo que punha em confronto duas medições bastante semelhantes, levadas a cabo por duas civilizações diferentes (Raphals, 2002). A primeira é a famosa medição da variação com a latitude da altura do Sol no horizonte, efetuada por Eratóstenes, no século III a.C. O objetivo de Eratóstenes era o de estimar o tamanho da Terra. O resultado foi um valor do raio da Terra surpreendentemente próximo daquele que

Entre o relativismo cultural e o pensamento do absoluto

encontramos nos livros de geografia astronómica de hoje. A segunda é a mesma medição feita na China, mais ou menos no mesmo período, mas com um objetivo diferente: no quadro de uma cosmologia em que a Terra é plana, os astrónomos chineses deduziram dessa medição uma estimativa da altura do Sol no céu. O resultado foi que o Sol está muito próximo da Terra, a apenas alguns milhares de quilómetros, sendo, portanto, muito pequeno (ver fig. 18).

O artigo é fascinante, e ensina-nos muito a respeito das analogias e das diferenças entre dois mundos distantes: entre duas grandes civilizações do nosso pequeno planeta. Chegado à conclusão do artigo, fiquei, no entanto, siderado com uma ausência: o artigo não refere em nenhuma parte que a interpretação da medição feita por Eratóstenes é *correta*, e que levou o Ocidente a ficar a conhecer a forma *correta* e a dimensão *correta* da Terra. Enquanto a interpretação da mesma medição feita pelos astrónomos chineses é *falsa*, reforçando somente um erro capital que minou profundamente o desenvolvimento da ciência chinesa. Tive a sorte de poder encontrar--me com a autora do artigo e de lhe perguntar diretamente o que é que ela pensava dessa diferença.

A resposta que me deu foi que não compreendia a minha questão. Explicou-me que o meu ponto de vista estava incorreto, porque os valores de verdade do saber sobre a forma da Terra ou sobre a distância do Sol não podiam ser julgados senão no seio do sistema de verdade das respetivas civilizações, e que não fazia sentido nenhum, neste contexto, falar de «correto» ou de «errado». Na minha opinião, esta atitude revela uma profunda incompreensão de um ponto fundamental. Evidentemente que o valor de verdade existe dentro do sistema de crenças das respetivas civilizações. Mas no caso concreto, a diferença existe, e ela é significativa, como o mostra o seguinte facto. Quando os astrónomos ocidentais tiveram conhecimento do resultado chinês, responderam, com base no seu *próprio* sistema de crenças, com um sorriso. Quando, no século XVI, o jesuíta Matteo Ricci levou para a China o saber da astronomia grega e europeia, os astrónomos chineses, a partir do momento em que tiveram conhecimento do resultado europeu, e sempre com base no seu *próprio* sistema de crenças, mudaram *imediatamente* a sua visão do mundo, reconhecendo a visão ocidental como *melhor*.[58] É essa diferença que o olhar não científico da autora tem

---

[58] Muito antes do colonialismo europeu no Extremo Oriente. Ricci morreu em 1610.

dificuldade em captar. Essa diferença mostra que, num sentido preciso, a interpretação da medição feita por Eratóstenes é muito mais «acertada» do que a dos astrónomos chineses.

Os sistemas de valores e os sistemas de crenças humanas não são impermeáveis. Eles comunicam uns com os outros, e o diálogo determina, senão imediatamente, pelo menos ao longo do tempo, quem tem razão e quem está errado. Ou então confrontam-se com a «realidade dos factos», e essa confrontação consolida uma posição e enfraquece outra, ainda que a «realidade dos factos» seja filtrada e interpretada num sistema de pensamento complexo. Aquele que quer acreditar que a Terra é plana, porque o seu sistema de crenças assim o diz, terá de explicar porque é que a embarcação de Fernão de Magalhães partiu para oeste e regressou de leste.

Utilizar a confrontação entre as duas medições astronómicas para estudar as semelhanças e as diferenças entre as duas civilizações, optando por *ignorar* a diferença capital de que um dos resultados é acertado e o outro não, não significa compreender melhor essas semelhanças e essas diferenças: significa apenas fechar os olhos a um aspeto, de enorme alcance, da diferença entre as duas civilizações.

A China de hoje está lentamente a voltar a ser o que foi durante a maior parte dos cinquenta séculos de civilização humana: a maior potência do planeta. Não sei se ela o conseguirá nem a que é que se assemelhará uma eventual civilização futura dominada pela China. Mas, salvo uma catástrofe de grandes proporções, sei, com toda a certeza, que, nessa civilização, a China não reiterará a primazia da imagem do mundo do lado esquerdo da fig. 18.

Uma coisa é estar ciente da *dificuldade* das traduções e das confrontações. Outra, muito diferente, é refutar qualquer tentativa de tradução e de confrontação: de abertura mental passa-se para um fechamento mental. O que caracteriza a incrível variedade das culturas humanas não é a sua diferença, mas sim a sua extraordinária capacidade de comunicar entre elas. Como é que os antropólogos que nos relatam as singularidades das culturas «selvagens» tiveram conhecimento dessas singularidades?

Entre o relativismo cultural e o pensamento do absoluto

Após algumas dezenas de milhares de anos de separação cultural, os Índios da América e os Espanhóis aprenderam a falar uns com os outros num instante e quase sem dificuldade. É certo que houve equívocos e incompreensões, e a ruína das culturas pré-colombianas, mas se as culturas eram tão impermeáveis, como muitas vezes se defende, como é que os Espanhóis e os Índios fizeram para falar uns com os outros, comerciar, ter filhos, firmar alianças militares, manter alianças económicas, trocar e misturar as suas religiões, etc.? Acho extraordinário que esses homens e essas mulheres, que permaneceram durante dezenas de milhares de anos longe de qualquer influência eurasiática, se assemelhem a este ponto aos eurasiáticos. O Grande Inca tinha modos muito semelhantes aos do imperador da China. Não é isso que é surpreendente, mas sim a nossa dificuldade em compreender exatamente o que era o Grande Espírito dos Sioux? As culturas comunicam entre si, influenciam-se, trocam incessantemente não apenas flechas e balas de canhão mas também, felizmente, valores, ideias e conhecimentos, exatamente como o fazem os indivíduos e os grupos no seio de cada cultura.

Para valorizar a riqueza das culturas da Terra, não devemos resguardá-las: devemos misturá-las. Nesse intercâmbio, os conhecimentos confrontam-se e avaliam-se, da mesma forma que os valores se confrontam e se julgam.

Se temos muito que aprender de uma população indígena da Austrália quanto ao respeito pela natureza e pelos equilíbrios ecológicos, ou se temos muito que aprender da sabedoria budista em relação à forma de encarar a vida, não devemos, no entanto, aceitar reverentemente que numa tribo africana se proceda à ablação do clitóris das raparigas. Podemos ter um profundo respeito pela cultura dos vizinhos vindos de muito longe, e que moram no mesmo andar do que nós, e descobrir que temos muito a aprender com eles; mas não é por isso que hesitaremos em condenar o pai se ele bater na filha. Não há qualquer contradição nesta atitude: é exatamente a atitude que temos em relação a alguns dos nossos compatriotas que mais respeitamos: estamos dispostos a aprender com eles, mas também a condená-los, se necessário. A questão não é a de escolher *a priori* se devemos refutar, ou aceitar, a alteridade: o problema é o de usar a nossa razão para articular confrontação, diálogo e decisão.

✳

Hoje em dia, o processo de mistura de culturas é muito intenso. Somos testemunhas do nascimento de uma civilização comum, que se forma na confluência de muitas culturas e que se enriquece com as contribuições dos mais diversos países. A educação dos jovens Indianos, Chineses, Americanos, Franceses ou Brasileiros é cada vez mais semelhante, mais rica e mais variada. Os nossos filhos crescem com uma visão do mundo incomparavelmente maior do que a dos nossos pais. O encontro gera perniciosas resistências identitárias, cujos efeitos desastrosos saltam aos olhos de todos; mas também geram esplêndidas possibilidades, desde que a estupidez humana não reduza tudo à identidade, à separação, ao conflito e à guerra.

Durante os séculos de colonialismo europeu, o Ocidente desenvolveu um forte sentimento de superioridade, com tonalidades que, até 1945, em Inglaterra e em França, bem como em Itália e na Alemanha, frisavam um racismo ostensivo em relação ao resto do mundo.[59] O fim do colonialismo europeu e o notável enfraquecimento do Ocidente[60] acabaram, felizmente, por diminuir muito esse estúpido sentimento de superioridade.

Mas com o enfraquecimento do seu sentimento de superioridade, o Ocidente passou a duvidar de si, da força da sua Razão e do valor do seu humanismo. O crescente contacto com outras culturas, da Índia à China, dos Índios da América aos autóctones da Austrália, revela-nos, cada vez mais, outros valores e outros juízos, e contribui para a angústia do Ocidente.

Há uma grande confusão em toda esta história. Agarrar-se à orgulhosa defesa da sua própria superioridade é tão estúpido como pensar que devemos aceitar, de forma acrítica, todas as verdades como iguais, todos os valores como iguais; que não faz sentido pôr em causa nada disso, confrontar e escolher. O problema não é decidir quem é o melhor: é tirar partido

---

[59] Creio que o racismo antissemita nazi (e fascista) escandalizou a Europa também e, sobretudo, porque, ao contrário do generalizado racismo europeu antes da guerra, este era dirigido *contra europeus*. A dimensão dos crimes racistas alemães contra os Judeus é, sem dúvida, uma das maiores vergonhas da Humanidade. Mas os crimes racistas de outros europeus contra inúmeros outros povos, muitos dos quais *foram* exterminados, não são menos odiosos.

[60] Atualmente, a superpotência americana e, com ela, a ex-superpotência inglesa não conseguem sequer impor a sua vontade de forma inequívoca (como o faziam facilmente as potências coloniais) em países mais pequenos como o Iraque ou o Afeganistão.

da riqueza da diversidade. Aceitar o diálogo para estar disposto tanto a aprender quanto a ensinar.

Reconhecer o valor das outras civilizações e abandonar o disparate do racismo e do sentimento de superioridade não significa que devamos ignorar as contribuições fundamentais que as diferentes civilizações, incluindo a nossa própria civilização ocidental, trazem ao mundo. Se o Ocidente leva hoje lições do mundo (como sempre o fez), ele é igualmente o depositário de uma imensa herança cultural para a qual continua a contribuir.

Uma das raízes desta imensa herança cultural é o pensamento grego.

Ao longo da história do Ocidente, os múltiplos feitos culturais da Grécia clássica têm sido objeto de glorificações triunfalistas. Alguns dos meus leitores lembrar-se-ão da pompa grandiloquente do seu professor do ensino secundário apaixonado pelo helenismo. A glorificação da Grécia clássica esteve muitas vezes ligada à celebração de uma pretensa e mal disfarçada superioridade europeia. O disparate desta atitude é evidente (não é necessário recordar, em particular, que Mileto é na Ásia e que Alexandria fica em África), mas, felizmente, começamos a sair dele. Mas a reação contra esse triunfalismo e contra essa apropriação indevida da Grécia clássica por uma parte da Europa gerou, igualmente, um difuso sentimento de embaraço em relação a qualquer reconhecimento dos feitos culturais do mundo grego e uma grande relutância em reconhecer o seu alcance, não só para o Ocidente mas também para o mundo inteiro.

Não acredito, como escreve Maurice Godelier (1974), que «aquilo que nasce na Grécia não é a civilização, mas apenas o Ocidente». Não, o Ocidente não nasce na Grécia: ele nasce da combinação de inumeráveis influências, gregas, egípcias, mesopotâmicas, gaulesas, germânicas, semitas, árabes... Aquilo que nasce na Grécia é algo de universal; da mesma forma que o primeiro Africano que ateou um fogo produziu algo que não é a civilização africana: é uma herança comum para a Humanidade. A herança grega difundiu-se por todo o Médio Oriente e teve uma influência significativa na Índia e na Europa. A Europa moderna soube recuperar e renovar alguns rebentos, fazê-los florescer e transmiti-los, misturados com diversas contribuições originais, ao mundo inteiro. O facto de esta última transmissão ter sido veiculada pela odiosa aventura colonial em nada diminui o valor dessa herança — um facto do qual, curiosamente, as nações extraeuropeias parecem ter um conhecimento muito mais claro do que os povos da Europa.

É o jogo infinito do encontro e da mescla de civilizações, no decurso do qual se desenvolve o nosso saber e prossegue a aventura humana.

*

Por fim, a confusão entre aceitar a possibilidade de que opiniões diferentes possam ser melhores do que a nossa, e considerar que todas as opiniões são equivalentes, alimenta um outro equívoco importante, diametralmente oposto ao relativismo cultural anteriormente evocado.

O equívoco é pensar que a única defesa contra a perda de todos os valores é a restauração de um pensamento absoluto da Verdade, que não pode ser posto em discussão. Esta tese é hoje defendida com muita insistência, em particular pelos países onde subsiste uma poderosa casta sacerdotal, como, por exemplo, o Irão e a Itália.

A tese consiste em sustentar que, confiando unicamente na Verdade, Única e Absoluta, poderemos «salvar-nos do relativismo cultural», no qual todos os pontos de vista são iguais, todos os valores se perdem e onde já não é possível distinguir o verdadeiro do falso. Para nos protegermos dessa deriva relativista, seria necessário defender a infalibilidade da Verdade que já conhecemos.

Evidentemente que a Verdade se identifica logo de seguida com a verdade particular de quem propõe essa tese. No Irão, é a verdade do Ayatollah, em Itália, a do Vaticano, e assim por diante.

Quem defende esta tese, não vê que entre a certeza da sua *própria* verdade e a equivalência de todos os pontos de vista existe uma terceira via: a da discussão e da crítica. Para aceitar a crítica, é preciso ter a humildade de aceitar que aquilo que parece verdadeiro hoje pode vir a revelar-se falso amanhã. Muitas vezes, os homens agarram-se às suas certezas porque *temem* que elas possam ser falsas. Mas uma certeza que não aceita ser posta em discussão não é uma certeza sólida. As certezas sólidas são aquelas que aceitam ser postas em discussão e sobrevivem a isso.

É certo que para avançar por esse caminho é preciso ter fé no Homem, acreditar que ele é essencialmente racional e acreditar na sua essencial honestidade na procura da verdade. Essa fé no Homem caracteriza o humanismo luminoso das cidades gregas do século VI e está na raiz do extraordinário florescimento intelectual e cultural dos séculos seguintes, que, por sua vez, alimenta até à raiz o nosso mundo contemporâneo.

Mas esta fé no Homem nem sempre faz parte de nós. Numerosas vozes levantam-se contra ela:

Maldito o homem que confia noutro, [...]
Assemelha-se ao cardo do deserto [...]
numa terra salobra, em que ninguém habita [...][61]

(Jeremias, 17, 5-6)

O conflito entre estas duas atitudes é tão velho como o mundo. E esta consideração leva-nos ao último argumento deste pequeno livro.

---

[61] *Bíblia*, versão portuguesa preparada a partir dos textos originais pelos Reverendos Padres Capuchinhos, Lisboa, Verbo Editora, 1976.

X.

Podemos nós compreender o mundo sem os deuses?

Quae bene cognita si teneas, natura videtur
libera continuo dominis privata superbis
ipsa sua per se sponte omnia dis agere expers.

Se tiveres um conhecimento seguro destas coisas,
verás de imediato a natureza,
livre e privada de amos soberbos,
operar ela própria todas as coisas,
por sua iniciativa, por si só, sem os deuses.[62]

(Lucrécio, *De Rerum Natura*, Livro II, 1090)

Há um último aspeto do nascimento do pensamento científico e da revolução iniciada por Anaximandro de que gostaria de falar: um tema delicado, sobre o qual, nestes dois capítulos finais, faço apenas algumas observações, coloco apenas algumas questões.

Como sublinhei no quarto capítulo, *todos* os textos, por assim dizer, anteriores a Anaximandro leem, estruturam, interpretam e justificam o mundo exclusivamente em termos de decisões e atos divinos. Anaximandro inventa algo novo: uma leitura do mundo em que a chuva não é decidida por Zeus, mas sim causada pelo calor do Sol e pelo vento, e em que o cosmos não nasce de uma decisão divina, mas de uma bola de fogo. Ele propõe-se explicar o mundo, desde a origem do cosmos até à origem das gotas da água da chuva, sem fazer qualquer referência aos deuses. Dito de outra forma,

---

[62] Lucrécio, *Da Natureza das Coisas* (trad. de Luís Manuel Gaspar Cerqueira), Lisboa, Relógio D'Água, 2015, p. 133.

tanto a natureza da chuva como a origem do cosmos tornam-se objeto de uma *curiosidade* nova, que leva a investigar a sua relação com os outros fenómenos naturais, deixando de lado a esfera do divino, até então a única fonte de interpretação do mundo.

Ao dar esse passo, Anaximandro lança, implicitamente, um desafio maior ao pensamento religioso. Como vimos, a interpretação naturalista de Anaximandro é global: ela abrange não apenas os fenómenos meteorológicos mas também a cosmologia, a estrutura geográfica do mundo e a natureza da vida. Esta interpretação naturalista contraria profundamente a função intelectual de unificação conceptual do pensamento religioso. Essa função é posta em causa: para explicar o mundo, são necessários ou não os deuses? Para compreender o mundo, é preciso um deus ou não?

Nas fontes de que dispomos, e em relação ao texto de Anaximandro, não encontramos o mais pequeno vestígio de uma crítica explícita à religião. O problema colocado pela escola jónica não é o da crítica da religião, ou o do questionamento da função da religião no seio da sociedade humana. O próprio Tales, louco de alegria por ter encontrado a demonstração de um teorema de geometria[63], teria sacrificado um touro a Zeus. O problema colocado sobre a mesa pela escola jónica é o da compreensibilidade do mundo, nada mais. Por outras palavras, é o problema do conhecimento que é diretamente confrontado através de uma formulação que exclui *completamente* a pertinência do divino.

No entanto, alguns autores, antigos ou modernos, acreditaram poder identificar uma forma de religiosidade difusa em toda a escola milésica. Aristóteles, por exemplo, em *Da Alma* (A 5411 a 7 e A 2405 a 19), coloca a hipótese de que «talvez Tales suponha que todas as coisas estão cheias de deuses». Não creio que esta tese esteja correta, pelo menos na sua interpretação mais imediata. A própria credibilidade desse testemunho de Aristóteles é questionável, e ela é, de qualquer modo, atenuada por esse

---

[63] «Os dois segmentos (cordas) que ligam as extremidades A e B de um diâmetro do círculo a qualquer outro ponto P no círculo formam entre eles um ângulo reto.»

Podemos nós compreender o mundo sem os deuses?

«talvez». Das inumeráveis qualidades de Aristóteles, a mais notável não é o rigor filológico em relação aos autores antigos. Acrescento que esta citação é contraditada pela sua constante crítica aos filósofos da escola jónica, a quem chama de «físicos», por procurarem a explicação de todas as coisas exclusivamente num princípio de carácter naturalista — a «física».

O importante não é a conceção que Tales e Anaximandro têm da divindade ou a proximidade das suas leituras do mundo da religiosidade antiga. O que conta é que a sua proposta de explicação do cosmos é radicalmente nova, revolucionária, por ser inteiramente formulada em termos naturais, físicos. Ela abstém-se explícita e absolutamente de qualquer referência à divindade e abre a porta a toda a investigação científica posterior.

A este respeito, podemos confiar num perito: Santo Agostinho.

Para este não é duma só coisa — como a água para Tales — que tudo provém; mas cada coisa nasce dos seus princípios próprios. Estes princípios próprios de cada coisa são, crê ele, um número infinito e geram inúmeros mundos com tudo o que neles aparece. Ainda segundo a sua opinião, estes mundos ora se dissolvem ora renascem, conforme o tempo que cada um pode durar. Também ele não reconhece à inteligência divina nenhuma interferência nas atividades da natureza.

(Santo Agostinho, *A Cidade de Deus*)[64]

Agostinho não hesitava em procurar reminiscências de Deus em todos os filósofos; esforçava-se por encontrar a presença divina até no saber pagão. Se isso é tão evidente em relação a Tales e Anaximandro, podemos estar certos de que neles não há *nada* que possa remotamente assemelhar-se ao religioso.[65]

---

[64] Santo Agostinho, *A Cidade de Deus* (trad. de J. Dias Pereira), Lisboa, Fundação Calouste Gulbenkian, 1996, 2.ª edição, p. 706.

[65] Nicola Abbagnano exprimiu bem esta ideia: «A tese apresentada pelos críticos modernos de uma *inspiração mística* de tal filosofia, inspiração de que ela teria trazido a sua tendência para considerar antropomorficamente o universo físico, funda-se em aproximações arbitrárias que não têm base histórica. […]. Os filósofos pré-socráticos realizaram pela primeira vez aquela *redução da natureza à objetividade*, que é a primeira condição de qualquer consideração científica da natureza; e esta redução é exatamente o oposto

A proximidade cultural entre a especulação milésica e o pensamento anterior é muito forte e tem sido sublinhada com frequência. Por exemplo, quando Tales pressupõe que tudo é feito de água, não podemos deixar de ouvir o eco das cosmologias babilónica, bíblica e homérica. Mais genericamente, a própria estrutura da cosmologia de Anaximandro tem vindo a ser relacionada com a de Hesíodo: a mesma problemática, a mesma estrutura evolutiva, passagens semelhantes... Essas relações são naturais: a especulação milésica não nasce do nada: nasce da cultura na qual está inserida. Mas as semelhanças não devem mascarar as diferenças. O que é interessante é a diferença, não a semelhança. O texto de Copérnico assemelha-se ao de Ptolomeu, mas há uma diferença... e é essa diferença que gera o seu valor. A diferença evidente e imensa entre as cosmologias precedentes e as de Tales e Anaximandro reside no completo desaparecimento dos deuses. Nem o Oceano, da *Ilíada*, pai de todos os deuses, nem o deus Apsu, do *Enūma Eliš*, nem o deus da Bíblia, que cria a luz sobre as águas através de um ato linguístico. Não há senão água. E assim por diante: aos verbos, às disputas e às lutas dos deuses substitui-se a narrativa de uma possível evolução autónoma do mundo.

Mesmo que o divino não seja explicitamente posto em discussão, todo o projeto cognitivo de Anaximandro assenta numa tomada de posição radical que consiste em ignorar os deuses.[66] Mesmo sem uma crítica explícita do saber religioso, esta tomada de posição não pode deixar de desencadear um conflito com o pensamento dominante, que encontra o seu fundamento nos deuses.

O conflito está desencadeado, e ele terá uma longa e dolorosa história.

---

da confusão entre a natureza e o Homem, que é própria do misticismo antigo.» Nicola Abbagnano, *História da Filosofia* (trad. de António Borges Coelho, Franco de Sousa e Manuel Patrício), Lisboa, Editorial Presença, 2006, 7.ª edição, p. 28.

[66] É certamente um anacronismo, mas considerando os múltiplos fragmentos antigos que nos falam das explicações de Anaximandro e da ausência total de referência aos deuses, temos vontade de perguntar a Anaximandro: «E os deuses?» E damos por nós a imaginar o rosto sonhador, afável, mas quase sombrio de Anaximandro do baixo-relevo do Museu Romano, que se ergue de um antigo pergaminho egípcio, olha-nos em silêncio, sorri-nos e antecipa a célebre resposta de Laplace a Napoleão: «*Sire*, não tive necessidade dessa hipótese.»

O conflito

A resistência do pensamento místico-religioso contra o novo naturalismo logo se levanta e se intensifica, e, em pouco tempo, rebenta uma guerra que se arrastará, sob várias formas, ao longo de toda a história da civilização ocidental, com episódios extremamente violentos, umas vezes de curta duração, outras vezes muito longos.

As condenações por heresia começam a atingir os «sobrinhos», próximos e afastados, de Anaximandro, de Anaxágoras, que teve de exilar-se, e até de Sócrates, que acabou morto. Recordemos que Sócrates foi condenado a beber cicuta sob a acusação de corrupção da juventude e de ultraje aos deuses da cidade. Essa acusação é exatamente a mesma, encenada anos antes, na comédia de Aristófanes citada no quarto capítulo, onde o escândalo é ilustrado por uma das questões mais estimadas por Anaximandro: o raio é lançado por Zeus ou provém de um turbilhão de vento?

Ainda que já minado pela evolução dos tempos, o politeísmo do mundo grego e do primeiro Império Romano não coabita, de modo geral, muito mal com as primeiras flores do pensamento naturalista. O mesmo não se poderá dizer em relação ao milénio e meio de monoteísmo que se lhe segue.

O primeiro período de aceso confronto entre o conhecimento naturalista e o pensamento místico-religioso dominante teve lugar no Império Romano tardio, quando o cristianismo chega ao poder. Em 380, o imperador Teodósio declara o cristianismo como a religião oficial do império. Entre 391 e 392, promulga uma série de decretos, conhecidos como Decretos Teodosianos, que instituem a intolerância religiosa. É o retorno à teocracia, como no tempo do domínio dos faraós, dos reis babilónicos ou micénicos. A imposição do monoteísmo ganha rapidamente uma forma violenta. As escolas filosóficas são destituídas de autoridade; os centros do saber antigo são destruídos com os templos pagãos, que são saqueados e transformados em igrejas (Testa, 1991), na senda da tradição do monoteísmo hebraico de Josué. O sangue corre em Petra e em Areópolis, na Arábia, em Rafa e em Gaza, na Palestina, em Heliópolis, na Fenícia, em Apameia, na Síria. E, sobretudo, em Alexandria.

Alexandria. Tudo havia começado não muito longe dali mil anos antes: em Náucratis, onde os mercadores de Mileto tinham aberto o primeiro entreposto na grande terra dos faraós, reconhecidos pelo auxílio dos mercenários gregos, que ajudaram a expulsar a ameaça assíria. Em Náucratis, onde o encontro desses Indo-europeus, de espírito livre e aventureiro, e do milenar saber egípcio tinha feito brotar a mágica centelha do conhecimento. A herança de Mileto tinha sido bem recebida em Atenas, onde o sonho de compreender o mundo através da inteligência havia permitido o nascimento das escolas de Platão e de Aristóteles. O jovem e fogoso aluno de Aristóteles tinha conquistado o mundo com o mesmo ímpeto, iluminando o Mediterrâneo e o Médio Oriente com o brilho dessa inteligência. A grande cidade que tinha fundado, e que batizara segundo o seu nome, tinha-se tornado o centro do saber antigo. Para lá, Ptolomeu I, seu general e primeiro rei grego do Egito, tinha transportado, desde Atenas, numa intriga magistral, a grande biblioteca de Aristóteles, para, em seguida, criar as maiores instituições da ciência antiga: a Biblioteca e o *Mouseion*. Na Biblioteca estavam reunidos textos do mundo inteiro. Cada navio que ancorava na baía de Alexandria devia depositar na Biblioteca todos os livros que tinha a bordo: estes eram copiados, e *a cópia* era restituída ao navio. No *Mouseion*, verdadeiro antepassado da universidade moderna, intelectuais pagos pela cidade estudavam as mais variadas disciplinas.

Metade do que aprendemos atualmente na escola foi criado nessas instituições: da geometria euclidiana à determinação da dimensão da Terra, da ótica às bases da anatomia médica, da estática às bases da astronomia. Era Alexandria que Arquimedes tinha por referência, foi em Alexandria que as leis matemáticas exatas do movimento dos astros foram aperfeiçoadas.

A Roma do primeiro império tinha, custosamente, conseguido coabitar com a orgulhosa Alexandria, mas o cristianismo no poder não o conseguiu. A grande Biblioteca, depositária do saber antigo, é destruída e queimada pelos cristãos.[67] Os pagãos refugiados no grande templo de Apolo são trucidados. Em 415, a astrónoma e filósofa Hipátia, que talvez seja a inventora do astrolábio, foi linchada por cristãos fanáticos. Hipátia era filha de Teão de Alexandria, o último membro conhecido do *Mouseion*. Mil anos após a chegada dos comerciantes gregos a Náucratis, o cristianismo toma o poder e extingue a luz do saber. A verdade é, provavelmente, muito pior do que isto, dado que esses trágicos eventos nos são relatados por fontes cristãs, uma vez que praticamente todos os textos pagãos foram, sistematicamente, queimados nas décadas seguintes. O deus do monoteísmo é um deus

---

[67] E não pelo califa Omar, séculos mais tarde, como o pretenderia uma versão popular em terras cristãs.

Podemos nós compreender o mundo sem os deuses?

ciumento, que, mais do que uma vez ao longo dos séculos, atacou e destruiu aqueles que a ele se opuseram.

O resultado da violência anti-intelectual do Império Romano cristão foi o estrangulamento, durante os séculos seguintes, de todo o desenvolvimento do conhecimento racional. Com a conquista do império pelo cristianismo, a antiga estrutura absolutista dos grandes impérios da antiguidade foi restaurada, desta vez numa escala muito maior, e o parêntese de luz e de livre-pensamento aberto em Mileto no século VI a.C. foi fechado.

Os traços do antigo pensamento iniciado pela audácia intelectual de Anaximandro permanecerão enterrados no pequeno número de manuscritos que sobreviveram à fúria dos primeiros cristãos no poder, estudados e transmitidos reverentemente por alguns sábios Indianos, depois Persas, e depois Árabes. No entanto, antes de Copérnico, ninguém saberá compreender a lição fundamental de Anaximandro: se queres continuar a perseguir a via do conhecimento, não deves reverenciar o Mestre, estudar e desenvolver os seus ensinamentos — deves procurar os seus erros.

✳

Por sua vez, o pensamento racional e a ciência moderna haveriam de entrar em conflito com o pensamento religioso, de Galileu a Darwin, e, numa escala muito maior, da Revolução Francesa à Revolução Russa. É uma longa história, sangrenta, dolorosa, que não é oportuno contar aqui, onde a violência, perpetrada *em nome* da religião e *contra* a religião, ensanguentou a Europa.

Depois do horror das grandes guerras religiosas que devastaram a Europa no século XVII, quando os Europeus se massacravam uns aos outros, em nome do Verdadeiro Deus, o Século das Luzes revolta-se contra a centralidade da religião e lega à Europa a possibilidade de uma coexistência pacífica entre as diferentes ideias e as diferentes fés, entre pensamento racional e pensamento religioso.

Esta coexistência que o século XIX herdou do Século das Luzes tornou-se possível pela delimitação de uma fronteira, muitas vezes vaga e ambígua, mas efetiva, que restringiu o campo do religioso a contextos específicos, como, por exemplo, a espiritualidade privada; ao papel de estruturação das interrogações existenciais de cada um (as «crenças»); ou ainda a um papel de referência ética e moral, numa permanente negociação do equilíbrio entre o seu papel público e o seu papel privado; à gestão do aspeto ritualístico dos eventos que estruturam a realidade social, como o casamento e os funerais. No campo do conhecimento, a um fundamento possível para as questões mais gerais («porquê o mundo?») ou mais difíceis de enfrentar para o pensamento naturalista («o que é a consciência individual?»); etc. Este modelo ocidental de divisão de papéis é, em seguida, imposto ao resto do mundo pelo colonialismo, embora em graus diferentes. É o modelo em que estamos imersos.

A restrição do seu domínio de influência é muitas vezes mal-aceite pela comunidade religiosa, como o testemunham, por exemplo, as recentes agitações políticas da Igreja católica italiana. A razão é clara: trata-se de uma divisão que contradiz o próprio sentido do monoteísmo, que não consegue pensar-se de outra forma senão como fundamento último e total da legitimidade, e garante último da Verdade, nomeadamente no campo do saber. Hoje em dia, a nossa civilização debate-se com esta incerteza dos seus fundamentos. De um lado, o compromisso democrático, que reconhece a equivalência *a priori* de todos os pontos de vista, do outro, o pensamento religioso, que, pese embora alguma relutância, até poderia coabitar com o outro, respeitando-o, mas que, tanto em Roma como em Riade, tanto em Washington como em Teerão, continua a pensar em si mesmo como depositário da verdade última da qual não é bom duvidar.

De um ponto de vista teórico, a procura por um compromisso entre o pensamento racional e o pensamento religioso, que impregna a reflexão dos grandes padres da Igreja, de Santo Agostinho a São Tomás, assinala a própria evolução do pensamento cristão; podemos interpretá-la como uma tentativa de enfrentar este desafio: articular a relação entre Razão e Religião.

Do ponto de vista de um cientista moderno, esses esforços têm, por vezes, uma espécie de grandeza trágica e desesperada, como se fossem tentativas de escalar uma encosta gelada, procurando subtis e improváveis distinções.

Por vezes até ao grotesco. Em *De Civitate Dei*, Santo Agostinho, preocupado em não contradizer a religião, discute longamente, em todos os seus detalhes, o seguinte problema. No momento da ressurreição final, cada homem recuperará o seu verdadeiro corpo, com todas as suas verdadeiras partículas de carne. Contudo, se um canibal come outro homem, as partículas de carne reaparecerão no corpo do homem comido ou no do canibal?[68] Agostinho era um homem de uma enorme inteligência, e acho triste ver semelhante espírito desperdiçado neste tipo de questões.

Mas considerada em termos de conhecimento e de método, a contradição permanece, no fim de contas, insolúvel. Seguramente que grandes partes da ciência moderna e antiga foram serenamente desenvolvidas no seio da religião: Tales sacrifica um touro a Zeus, e Newton desenvolve as suas novas noções de espaço e de tempo em referência direta com Deus. No espírito de muitos, o saber religioso pode coabitar pacificamente com o saber racional; não há contradição alguma entre resolver as equações de Maxwell e pensar que Deus criou o Céu e a Terra e que julgará os homens no Fim dos Tempos.

O confronto não é menos latente, e não pode senão continuar a renascer. Ele é inevitável por duas razões. A primeira, superficial, deriva do facto de a fronteira entre o campo do conhecimento, que se considera como competência do divino, e o conhecimento científico ser constantemente debatida. Mas a principal razão é a seguinte: o pensamento místico-religioso assenta na aceitação de uma verdade absoluta que não admite ser questionada. Ao passo que a discussão de verdades acriticamente aceites é a própria natureza do pensamento científico. É evidente que, a longo prazo, qualquer trégua entre estas duas formas de pensar se revela instável.

De um lado, há a certeza de conhecer a Verdade. Do outro, há o reconhecimento da nossa ignorância e o perpétuo pôr em dúvida de qualquer certeza. A religião, sobretudo o monoteísmo, tem uma profunda dificuldade em aceitar o pensamento da mudança, o pensamento crítico. Eva colheu a

---

[68] A resposta, no final de uma intrincada discussão, é a de que elas reaparecerão no corpo do homem comido, e não no do canibal. Isto (se bem entendo) essencialmente porque, e na medida em que o canibalismo é um pecado, as partículas de carne comidas integravam o corpo do canibal de facto, mas não de direito. É por isso que o canibal pode tê-las na terra, mas não tem o direito de reclamá-las no fim dos tempos.

maçã para conhecer. Mas para o deus que quer ser o Único e incontestado Deus, esse é o primeiro dos pecados.

✴

A maioria dos homens e das mulheres, nas mil variantes da civilização mundial de hoje, estima que uma compreensão verdadeira do mundo não pode prescindir dos deuses ou de um deus: Anaximandro não convenceu a maioria de nós.

Essa maioria considera mesmo que esse deus desempenha, ou desempenhou, um papel fundador na existência da própria realidade, na justificação do poder, no estabelecimento da moral e, portanto, das leis. Esses homens e essas mulheres recorrem a um deus, ou à «Vontade de Deus», para decisões e questões privadas, e numerosos Estados, como os Estados Unidos e o Irão, invocam-no explicitamente como justificação para cada decisão importante, como o desencadear de uma guerra. O ensino simples e claro do conhecimento que temos da evolução da vida na Terra é mesmo proibido em alguns Estados norte-americanos, porque ele põe em causa o saber religioso. Uma tentativa de impedir esse ensino foi recentemente levada a cabo também em Itália. Em suma, vivemos numa civilização global em que a maioria dos homens e das mulheres aceita o saber científico como útil e razoável, mas que coloca ainda os deuses (um ou mais) como fundamento último do saber.

Por outro lado, um grande número de homens e de mulheres considera que nada disso faz o mínimo de sentido: que o mundo é mais compreensível, e melhor, e não *menos compreensível*, quando não há qualquer referência aos deuses; que a justificação do poder não deve fazer referência a Deus; que existe um fundamento da moralidade e da lei que não apela para Deus. E que recorrer à justificação divina para as decisões importantes que dizem respeito aos Estados é uma reminiscência perniciosa de um passado obscuro, que nos divide muito mais do que nos une, e que sempre conduziu, e continua a conduzir, muito mais à guerra do que à paz.

Existe, portanto, hoje em dia, no coração da nossa civilização, uma profunda fratura quanto ao papel da religião. No que a essa fratura diz respeito, existem posições extremas, que vão do rigorismo bíblico ao ateísmo militante, e inumeráveis posições intermédias, que configuram um largo espectro de compromissos e de interpretações diferentemente matizadas de deus, ou de deuses, e do papel que desempenham, ou que devem desempenhar, para a sociedade, para cada indivíduo e para a compreensão do mundo.

Por outras palavras, o problema colocado por Anaximandro está ainda em cima da mesa. A ideia de formular o problema de compreender o mundo *sem os deuses* é uma ideia radical no século VI a.C. A proposta teve uma posteridade enorme, abrindo as portas tanto ao saber filosófico como ao científico que se desenvolveu, a ritmos diferentes, ao longo dos vinte e seis séculos seguintes. É uma das raízes mais profundas do mundo moderno. Mas está longe de ser uma proposta que se impôs a todos: são muitos os nossos contemporâneos, a maioria deles, sem dúvida, que estão hoje armados para combater a tese central de Anaximandro.

Por um lado, a abordagem naturalista e científico-racional da compreensão do mundo logrou êxitos que Anaximandro dificilmente poderia ter imaginado. A ciência greco-alexandrina, primeiro, e a ciência moderna, depois, apropriaram-se do projeto de Anaximandro, ampliaram-no, completaram-no, desenvolveram-no e obtiveram não apenas uma compreensão profunda e detalhada de inumeráveis aspetos da realidade mas também, como efeito colateral, toda a tecnologia do nosso mundo moderno, que determina a nossa vida quotidiana. Por outro lado, o pensamento do qual Anaximandro se distanciou permanece o pensamento mais comum no planeta.

A atualidade de Anaximandro é, pois, completa. A questão aberta pela sua proposta continua a ser colocada e a dividir a nossa civilização: será possível compreender a existência e a complexidade do mundo e da vida sem atribuir a sua origem aos caprichos dos deuses ou à vontade de um deus?

XI.

O pensamento pré-científico

Mas, afinal, em que é que consiste verdadeiramente a proposta de Anaximandro de compreender o mundo sem apelar aos deuses?

Em que é que consiste a diferença essencial entre o pensamento naturalista e o pensamento místico-religioso? Em que é que procurar compreender a natureza sem fazer referência aos deuses é radicalmente novo? Ou seja, porque é que, antes de Anaximandro, os homens recorriam universalmente aos deuses para explicar o mundo? O que é que é, ao fim e ao cabo, o pensamento místico-religioso, do qual foi tão difícil afastarmo-nos? O que é que são os deuses?

A questão é demasiado complexa para ser aqui absorvida; vai para lá das minhas competências e, creio, do nosso saber atual. Mas é uma questão central para compreender o que é que Anaximandro verdadeiramente alcançou, bem como a natureza do pensamento científico. É por isso que escolho abordá-la nestas poucas páginas, correndo o risco de apenas a aflorar. A definição habitual do naturalismo, como projeto de compreender o mundo sem fazer referência a instâncias supranaturais, não passa de uma definição negativa, que não informa minimamente sobre o que é que são essas instâncias supranaturais e, sobretudo, sobre a sua ubiquidade. Compreender a leitura religiosa do mundo é essencial para compreender o pensamento que nasce como alternativa. Se não soubermos o que é que é uma compreensão místico-religiosa do mundo, não faz muito sentido falarmos de uma compreensão do mundo que se abstém de explicações místico-religiosas.

Sabemos pouco da *história* do pensamento místico-religioso. Segundo alguns, a atividade religiosa humana, ou, pelo menos, «ritual», remonta a duzentos mil anos[69], se é que não remonta à própria origem da linguagem. No outro extremo, há quem sustente que só apareceu com a revolução neolítica (Jaynes, 1976). Mas tanto à luz dos textos escritos que nos chegaram, de há 6000 anos a.C. até Anaximandro, como à luz dos resultados dos estudos antropológicos levados a cabo no século passado sobre as culturas contemporâneas ditas «primitivas», atualmente, é opinião consensual que o pensamento religioso era o pensamento universalmente dominante, em *todas* as culturas antigas de que temos vestígios.

Roy Rappaport (1999) apresenta uma variedade de argumentos antropológicos que demonstram que a esfera do sagrado e do divino, nas suas múltiplas formas, representa o fundamento *universal* não apenas da legitimidade social, legal e política mas também da coerência do pensamento sobre o mundo, em *todas* as culturas que têm vindo a ser estudadas. Onde quer que se procure uma explicação, procuramo-la na relação entre um mundo de fenómenos aparentes e um *outro* mundo, que sustenta, guia e justifica o mundo visível. Esse *outro* mundo manifesta-se através dos deuses, dos espíritos, dos demónios, dos ancestrais ou dos heróis que vivem num tempo paralelo mítico, no início ou mesmo fora do tempo, ou através de outras manifestações «sobrenaturais» facilmente redutíveis a uma mesma matriz místico-religiosa. O pensamento místico-religioso é a *única* forma de pensamento de que a Humanidade foi capaz durante milénios.

Tendo em conta a sua universalidade e a sua resistência atual, viva e tenaz, torna-se claro que associar o pensamento místico-religioso antigo a um simples conjunto de «superstições», de «crenças falsas», equivaleria a não ver algo de essencial: a força desse pensamento. E que força é essa? Os deuses não eram unicamente «invenções» da imaginação do Homem: eles representavam alguma coisa de essencial para a própria estruturação da experiência cognitiva, social e psicológica da Humanidade. O quê? A que é que exatamente se opõe a proposta de Anaximandro?

O significado dessa omnipresença na antiguidade de um «outro mundo», de «deuses» ou de outras variantes do divino é, a meu ver, uma das questões mais importantes sobre a natureza e a história do pensamento, questão essa que, até hoje, não recebeu uma resposta completa e convincente.

---

[69] Os arqueólogos encontraram na Suíça crânios de urso, datados da era glacial de Würm, dispostos em círculo, tendo sido isso interpretado como sinal de uma atividade ritual (Campbell, 1989:2).

O pensamento pré-científico

1. A natureza do pensamento místico-religioso

As tentativas de resposta abundam, e muitas abarcam, pelo menos, um aspeto deste quadro complexo. Até aos tempos de Epicuro e Lucrécio, procurámos as fontes da religião no medo da morte, do qual todos sofreriam (mas isso é mesmo verdade?). Ou no medo dos aspetos incontroláveis e ameaçadores do mundo. Ou num sentimento de pânico, estético, face ao grandioso espetáculo da natureza. Ou numa reação instintiva à incompreensibilidade do mundo, ou à ideia de infinito. Ou, por fim, a uma hipotética e tautológica «espiritualidade religiosa natural» individual.

Uma leitura antropológica clássica é a de Émile Durkheim. Para Durkheim, a função da religião é a própria estruturação da sociedade; os rituais religiosos são mecanismos que exprimem e reforçam a solidariedade e a essência do grupo («a religião é a sociedade que se adora a si mesma», (Durkheim, 1963)). O poder político não se serve do poder religioso: ele *é* o poder religioso. O faraó *é* deus.

Uma outra interpretação célebre é a de Karl Marx, para quem a religião não é funcional para o conjunto da sociedade, mas unicamente para o grupo dominante, para o qual ela serve de instrumento de dominação e de opressão do resto da sociedade.

As hipóteses teóricas mais recentes a respeito da origem da religião e do papel que ela terá desempenhado no nascimento da civilização são variadas. Vão desde as abordagens de tipo evolucionista, em que a religião representa uma vantagem competitiva para certos grupos ou indivíduos, até às hipóteses opostas, segundo as quais a religião não passa de um desvio parasita, um produto colateral inútil de outras funções humanas.

Algumas das teses mais fascinantes, apesar do seu aspeto hipotético e controverso, dizem respeito à evolução histórica do pensamento religioso. Nos anos 1970, um magnífico livro de Julian Jaynes (*La Naissance de la Conscience dans l'Éffondrement de l'Esprit*, 1976) suscitou uma acesa discussão. Contra a ideia de uma origem antiga da divindade, Jaynes conjetura que a ideia de Deus terá nascido no decurso da revolução neolítica, há cerca de 10 000 anos. Inicialmente, os grupos humanos são de dimensão familiar e são guiados por um macho dominante que comanda diretamente os membros do grupo com quem se relaciona pessoalmente. É uma estrutura social que o Homem partilha com os outros primatas. Com a revolução neolítica, o desenvolvimento da agricultura, o crescimento demográfico e

Anaximandro de Mileto ou o nascimento do pensamento científico

a criação das primeiras aldeias sedentárias, esses grupos crescem e espalham-se, de tal forma que o macho dominante deixa de ter contacto direto com os membros do grupo. A civilização é a arte de viver em cidades de dimensões tais que os seus habitantes não se conhecem todos uns aos outros.

Segundo Jaynes, a solução que permitiu evitar a desagregação do grupo é uma introjeção da figura do macho dominante, na qual a «voz» que comanda é «ouvida» pelos sujeitos mesmo na sua ausência. Mesmo após a sua morte física, a voz do soberano continua a ser ouvida e reverenciada. Procura conservar-se o máximo de tempo possível o seu cadáver ainda «falante», que evolui para estátua do deus, adorada na praça central da cidade. A casa do soberano, que é a casa da estátua do deus, evolui para templo, tornando-se o coração da cidade.[70] Este sistema estabiliza-se ao longo de milénios e determina a estrutura social e psicológica das civilizações antigas.

Nestas civilizações, o deus é, portanto, diretamente o soberano, o pai do soberano ou o antepassado do soberano. Os deuses são a memória sempre ativa dos soberanos do passado. As vozes dos deuses são omnipresentes; é através delas que a psicologia antiga enfrenta qualquer situação que envolva uma decisão, como pode ver-se, por exemplo, na *Ilíada*. Os homens não dispõem de uma consciência complexa de si no sentido moderno, ou seja, um vasto espaço de narração interior onde se representam as possíveis consequências da ação. No entanto, eles introjetaram um conjunto de regras que

Fig. 19: Tábua «Ludlul bēl nēmeqi», 1200 a.C., Nínive.

---

[70] Os restos arqueológicos dos centros urbanos mais antigos encontram-se todos reunidos em redor da casa central do deus, ou são formados por núcleos reunidos da casa de um deus, contendo uma estátua. Esta estrutura é bem visível em Jericó, no nível correspondente ao VII milénio a.C., em Hacılar Höyük, na Anatólia, em Eridu, por volta de 5500 a.C., onde a casa do deus começa a ser construída sobre plataformas de tijolos de adobe que darão origem aos zigurates... Destes sítios primordiais às catedrais góticas, existe uma impressionante continuidade, que não é desmentida pelos vestígios arqueológicos encontrados no México, na China ou na Índia.

O pensamento pré-científico

refletem normas sociais de comportamento e que se manifestam como a pura vontade dos deuses. Os deuses não são, por conseguinte, «invenções da imaginação»: eles *são* a própria volição do primeiro homem social. De acordo com Jaynes, o sistema entra em crise por volta do primeiro milénio a.c., um período marcado por alterações políticas e sociais muito violentas. Colapsa sob a pressão de grandes migrações, do desenvolvimento do comércio e devido à formação dos primeiros grandes impérios multiétnicos. Na confusão cada vez maior que abala os diferentes grupos humanos, a «voz» do Deus, com a qual os heróis homéricos ainda conversavam regularmente, e que ainda era distintamente ouvida por Moisés e Hamurabi, torna-se cada vez mais longínqua e acaba por deixar de ser percetível de todo, exceto para algumas pitonisas, e, no fim, unicamente para Maomé e para os santos católicos. Os deuses afastam-se, cada dia um pouco mais, nos céus. O Homem é deixado sozinho, à mercê de um mundo em revolução. As palavras de Jaynes a respeito deste período são muito belas. Nelas ouve-se o eco da famosa lamentação (Tábua «Ludlul bēl nēmeqi», fig. 19):

> *O meu Deus abandonou-me e desapareceu.*
> *A minha deusa visita-me cada vez menos e mantém-se à distância.*
> *O bom anjo que caminhava ao meu lado partiu...*

Para Jaynes, a consciência moderna é o expediente evolutivo que permite enfrentar esta nova solidão: uma «narrativização» linguística do «eu», que se torna o meio para tomar decisões complexas e articuladas, quando nem o macaco-chefe nem a sua voz introjetada estão lá para nos dizer o que fazer.

Uma discussão já clássica, que tem a sua origem num universo cultural muito diferente, mas que apresenta interessantes ressonâncias com Jaynes, é conduzida por Marcel Gauchet em *Le Désenchantement du Monde* (1985). Gauchet descreve a lenta saída da Humanidade do pensamento místico-religioso. Segundo Gauchet, a religião representou no passado a economia geral da Humanidade: ela estruturou indissoluvelmente a vida material, social, mental e, sobretudo, política. Mas essa função esgotou-se ao longo dos séculos. Os Estados modernos substituíram essencialmente o seu papel de estruturação do espaço político, e da religião não restam senão fragmentos: pouco mais do que experiências individuais e sistemas de convicção.

Uma das teses mais interessantes de Gauchet é a ideia de que o monoteísmo não representa um estado evoluído, «superior», do pensamento religioso, mas, pelo contrário, uma lenta dissolução da centralidade e da coerência da antiga organização religiosa do pensamento.

A tensão que leva ao nascimento do monoteísmo está ligada à constituição dos grandes impérios. Os primeiros impérios com uma mescla de povos retiram o poder ao grupo social primitivo, à tribo que se identificava com os seus próprios deuses locais, e formam a ideia de um grande e distante poder central. Um deus começa a prevalecer sobre a multiplicidade inicial de deuses e de cultos. No Egito, o deus do Sol, Rá, começou a impor-se como o deus principal desde a IV dinastia do Antigo Império, enquanto na Mesopotâmia, Marduque, o deus da Babilónia, elevou-se acima da multidão dos outros deuses assim que o poder se concentrou na Babilónia.

Mas o politeísmo antigo não é facilmente derrubado. Alguns imperadores lançam-se em épicas e dramáticas tentativas para impor um deus único, como Amenotepe IV, o marido de Nefertiti, que se autodenomina Akhenaton. No auge da glória imperial, ele impõe o culto exclusivo de Áton, centrado em Akhetaton. Mas a reação das antigas castas sacerdotais é violenta, e, com a morte de Amenotepe IV, o politeísmo é imediatamente restaurado. E ele volta a ser a forma religiosa única dos grandes impérios, até ao Império Romano, o maior e mais estável de todos.

É um povo que vive à margem dos impérios, ou melhor, encurralado entre as duas grandes zonas imperiais, que capta essa tensão difusa para o monoteísmo como uma oportunidade histórica. O génio de Moisés, segundo Gauchet, é o de ter ousado inverter as relações de força tradicionais entre os deuses, que refletiam, diretamente, as relações de força entre os povos correspondentes. As tribos israelitas já estariam, muito provavelmente, presentes no Egito aquando da tentativa falhada de Amenotepe IV de impor o monoteísmo. Por seu turno, menos de um século depois, Moisés postula a existência de um «super-deus», mas, desta vez, independente do poder imperial; e faz dele uma temível arma de resistência para o seu povo, apesar da sua fraqueza política. Graças a essa arma, Israel conseguirá libertar-se do Egito e, mais tarde, da Babilónia. O super-deus já não é apenas o deus do grupo; é um deus distante, como o imperador é distante, e que, à semelhança do imperador, reina sobre todos os povos — mas que, tal como o imperador, não ama todos os seus povos de igual maneira.

O pensamento pré-científico

O povo de Israel torna-se o guardião do monoteísmo, apesar da contradição implícita entre a ideia de deus universal e a de povo eleito. A contradição fica temporariamente resolvida através da expectativa messiânica da vinda de um grande líder que concretizará, por fim, o domínio de Israel sobre todas as nações, restabelecendo a identidade entre a superioridade do deus e o poder do seu povo. Mas a história não quer que assim seja. O longo processo de unificação imperial do mundo mediterrânico acaba, finalmente, por se concretizar, mas sob a égide de Roma, não de Israel.

O grande Império de Roma põe definitivamente termo ao paganismo antigo. Resta a solidão de cada sujeito do imenso império, onde os pequenos grupos humanos que se reuniam em torno do seu próprio deus perderam toda a centralidade como depositários da legitimidade, do poder, do saber e da identidade. No grande império, já não basta alguém distinguir-se na própria cidade, é preciso ir para Roma. Perdeu-se a forte identidade que a cerrada ligação com o grupo dava à Humanidade.

De acordo com Gauchet, é Jesus Cristo quem enfrenta este novo mal--estar, resolvendo, ao mesmo tempo, a contradição israelita entre deus universal e povo eleito. Consegue fazê-lo repetindo, de forma ainda mais drástica, a genial inversão de Moisés: isto é, separando ainda mais o poder e a religião. Jesus Cristo e Paulo de Tarso propõem a hipóstase de um único «verdadeiro deus», que reina sobre todos, mas de uma forma completamente independente do poder imperial. Ao fazê-lo, Jesus Cristo inventa um universo paralelo («O meu reino não é deste mundo») em que há uma inversão da escala dos valores em relação à escala do poder, e em que um deus é, ao mesmo tempo, distante e diretamente acessível ao indivíduo isolado, sem a mediação da estrutura política. Nasce, assim, uma nova esfera: a esfera da espiritualidade individual, esfera tão maravilhosamente explorada e alargada por Santo Agostinho. A Igreja nasce como estrutura paralela à política, substituindo-a no seu papel central de conferir sentido ao mundo. E nasce um espaço identitário individual paralelo, liberto da identidade social.

Mas muito rapidamente o poder político apressa-se a colmatar o fosso e procura reabsorver a nova fonte de legitimidade: o império cristianiza-se, de forma a restabelecer o seu fundamento teocrático junto da sociedade, finalmente tornada monoteísta; o poder sem deus só podia ir ao encontro do deus sem poder. Não obstante isso, no seio da vetusta unidade sociedade--religião-identidade, uma fratura foi aberta, e o núcleo da espiritualidade individual do qual nascerá o mundo moderno está a postos.

Anaximandro de Mileto ou o nascimento do pensamento científico

*

As investigações mais recentes relacionadas com a origem e a natureza da religião sublinham cada vez mais a estreita interdependência entre religião e linguagem e tendem a remontar muito mais atrás no que à origem da religião diz respeito, enfatizando o papel fundamental que ela poderá ter tido no nascimento da própria Humanidade.

Num recente trabalho (1999), de notável fôlego, Roy Rappaport, figura maior da antropologia contemporânea, identifica na atividade *ritual*, nos *ritos*, não apenas o coração da religiosidade, partilhado por todas as culturas, mas também a atividade em torno da qual cresceu a civilização, ou a própria «Humanidade»[71].

Rappaport vê na função ritual a âncora central em redor da qual cresce e se manifesta o sistema de legitimidade que funda o social, e mesmo a fiabilidade da linguagem trocada entre os homens. Cada sociedade funda--se e reúne-se em torno de ritos. As atividades rituais existem já no mundo animal e têm, geralmente, funções de comunicação social. No Homem, é nessas atividades que se configura o fundamento da linguagem. No decurso desses ritos, alguns enunciados fundamentais, que Rappaport chama de *Postulados Sagrados Fundamentais*, são repetidos inúmeras vezes, de uma forma que os priva completamente de sentido:

Credo in unum Deum
«Creio num só Deus»

اشهد ان لآ الـه الا الله و ان محمد رسول الله

«Alá é grande e Maomé é o seu profeta»

שמע ישראל יהוה אלהינו יהוה אחד

«Ouve, Israel, Adonai, nosso Deus, Adonai é Um»

---

[71] Nos três sentidos da palavra «humanidade»: como espécie animal particular; como conjunto de características que distinguem essa espécie dos outros animais no seu conjunto; e, por fim, como valor ético.

O pensamento pré-científico

ou a fórmula que aparece em cada uma das orações do complexo cerimonial dos *Navajos*, da América do Norte:

sa'ah naaghaii bik'eh hozho
«*Quando crescermos, caminharemos
na beleza e na harmonia*»,

até à grande sílaba sagrada do Hinduísmo, do Jainismo, do Budismo, da religião Sikh e do Zoroastrismo, a sílaba que encerra tudo:

Om

(Recupero as traduções habituais, embora saiba que algumas delas não são senão aproximativas.) Esses enunciados não podem ser nem verificados nem falsificados. Em rigor, eles não significam nada. Mas a sua repetição ritualística garante-lhes um valor de certeza e eleva-os à categoria de sustentáculos da sacralidade, nos quais se fixa todo o pensamento que dá estrutura ao mundo e legitimidade ao social.

Para compreender o que é que isso significa, é essencial notar que a linguagem não se limita a reflectir a realidade, na maior parte dos casos ela *cria* a realidade. O padre que diz «declaro-vos marido e mulher», o juiz que diz «condenado!», a comissão de professores que declara «concedo-vos o título de Doutor», a assembleia que aprova uma lei, Napoleão que, à sombra das pirâmides, fala de honra e de glória aos soldados franceses, um padre que dá a missa dominical, toda essa gente não descreve a realidade, ela produz a realidade através da linguagem. As funções superiores do social vivem nesse espaço criado pela linguagem: sermos casados, sermos cidadãos, sermos adultos, sermos honestos, sermos doutorados, sermos professores, sermos famosos, ser presidente da república ou ser um estrangeiro, ser a capital de Portugal… tantas realidades que não existem senão na medida em que são determinadas por enunciados linguísticos pronunciados por membros da sociedade autorizados (por quem?) a fazê-lo. Tudo o que tem que ver com a lei, com a honra, com as instituições, etc., vive num espaço criado pela linguagem. Que só existe porque os homens reconhecem, coletivamente, a sua realidade e a sua legitimidade.

O ato que está na origem dessa legitimidade é o rito, e o ato que está na origem do rito são os Postulados Sagrados Fundamentais. Eles estabilizam o espaço do sagrado, que, por sua vez, confere legitimidade a tudo o que dele deriva. Participar no rito é integrar a sua legitimidade e, portanto, reconhecer e aderir à esfera dos sentidos que emanam do rito, mesmo sem adesão intelectual a eventuais crenças enunciadas durante o rito. Eu não entro nessa casa porque ela é tua; é tua porque a herdaste do teu marido; era do teu marido porque um padre assim o declarou; o padre era padre porque o bispo o tinha ordenado; o bispo era bispo porque o Papa o tinha ordenado; o Papa é o Papa porque Deus o escolheu; Deus existe porque «creio num só Deus»... E «creio num só Deus» porque o repeti na missa. Por isso, em última análise, não entro nessa casa por causa de um pacto fundador com os meus semelhantes que é reconfirmado em cada missa. E mesmo que na missa eu esteja distraído e que, no fundo, não acredite numa única palavra que o padre diz, essa estrutura global à qual adiro permanece inalterada.

Substituir o padre por um juiz, o Papa por uma assembleia e a missa por uma urna eleitoral, ou pela ida à escola, não muda muito essa estrutura. Através do constante regresso aos seus rituais, os seres humanos renovam o seu pacto social, fundando, ao mesmo tempo, com um gesto, a base do seu errante e volátil pensamento sobre o mundo.[72]

É quase uma releitura moderna de Confúcio, que, de um modo muito semelhante, coloca também no *rito* o próprio fundamento do viver social e moral e da harmonia do pensamento.

2. As diferentes funções do divino

Estas poucas observações, muito incompletas, dão apenas uma ideia da complexidade do problema e da nossa substancial ignorância na matéria. A verdade talvez esteja em qualquer uma das combinações destas hipóteses ou numa história mais complexa, que será muito difícil de reconstruir.

---

[72] Um dos mais antigos textos do pensamento indiano, o *Brhadāranyaka Upanishad*, começa com os seguintes versos: *A cabeça do cavalo sacrificial é a aurora [...] / o cavalo sacrificial é o mundo...*

O pensamento pré-científico

Torna-se claro que, de uma forma ou de outra, o pensamento religioso está relacionado com o próprio funcionamento do nosso universo lógico-mental, especialmente na medida em que ele existe e se exprime num contexto social.

Não esqueçamos, no entanto, que, se é verdade que os homens falam uns com os outros há mais de cem mil anos, só há 6000 anos é que eles começaram a deixar registos escritos daquilo que dizem uns aos outros. O que eles disseram uns aos outros ao longo dos cem mil anos anteriores, quais as estruturas conceptuais que experimentaram, quantas vezes mudaram de ideias e repensaram tudo de novo, provavelmente nunca o viremos a saber. Ou, se um dia descobrirmos alguma coisa sobre isso, talvez fiquemos surpreendidos.

O problema essencial no que a isso diz respeito é que não sabemos nem como nem por que razão pensamos aquilo que pensamos. Não conhecemos a complexidade dos processos que dão vida aos nossos pensamentos e às nossas emoções. O nosso corpo, que gera e exprime esses pensamentos e essas emoções, é um organismo extremamente complexo, o qual a nossa limitada capacidade de compreender tem dificuldade em apreender. Essa complexidade aumenta pelo facto de não vivermos sozinhos: os nossos pensamentos talvez sejam concebidos como o reflexo num indivíduo de processos que ocorrem à escala da sociedade. Talvez não sejamos nós que pensamos, mas sim os pensamentos que nos percorrem. Perguntarmo-nos como pensamos aquilo que pensamos talvez seja como perguntar como é que uma alga arrasta uma onda sob ela.

Aquilo a que chamamos «consciência», «livre-arbítrio», «espiritualidade», «divindade», não são provavelmente senão uma forma de designar a nossa ignorância das causas e da complexidade do nosso próprio comportamento, bem como da substância dos nossos pensamentos. Parece-me que esta ideia, que remonta a Baruch Espinosa, é a mais fiável das bússolas para nos guiar na obscura floresta do nosso pensamento.

Aprendemos a pôr a descoberto muitas das nossas conceções erradas, e, vinte e seis séculos depois de Anaximandro, aprendemos a desconfiar de quem afirma saber, com toda a certeza, que é Zeus quem envia o raio. Mas não sabemos como é que funciona o nosso próprio pensamento. Quando procuramos um fundamento seguro para agir e pensar, não o encontramos. Também não sabemos se precisamos verdadeiramente desse fundamento. Limitamo-nos a recorrer a conceções vagas e incertas, quando se trata justamente daquilo que mais nos importa. Aquilo a que chamamos «irracional» é o nome de código do que, por causa dos limites da nossa razão, não compreendemos.

Isso não implica que não possamos, ou não devamos, confiar nos nossos pensamentos. Os nossos pensamentos são o melhor mapa de que dispomos para navegar no mundo, e esse mapa é o único em que podemos confiar. Reconhecer os seus limites não significa que confiar em algo ainda mais limitado e incerto, como a Tradição, seja uma escolha mais judiciosa: a Tradição não é senão o conjunto codificado de pensamentos de homens que viveram num tempo em que a ignorância era ainda maior do que a nossa.

Estes últimos milénios de que temos vestígios mostram-nos uma evolução muito lenta do pensamento humano, evolução essa que ainda está em curso. O politeísmo antigo é muito semelhante em redor do Mediterrâneo, na China, na Índia, no México e na América do Sul. Assim como a sua estreita relação com os grupos sociais, a sua identidade essencial com o poder político. Desde esse politeísmo original, até às mudanças provocadas no mundo grego pelas tensões racionais-naturalistas e pela instalação da democracia, e, em seguida, pela restauração do monoteísmo teocrático do Império Romano tardio, medieval e islâmico, que se desenha um percurso, um grande movimento.

Um processo histórico de grande amplitude está em curso, processo esse em que estamos imersos e no decurso do qual o papel do religioso no pensamento humano está a evoluir. É uma transformação que se afere mais em milénios do que em séculos e que traz consigo profundas modificações na estrutura social, política e psicológica da sociedade e na forma como a Humanidade se reconhece e se pensa a si mesma. A proposta naturalista de Anaximandro é um capítulo de uma história maior.

Voltamos, portanto, ao ponto de partida, que é a relação precisa entre a proposta jónica e a religião, e, por conseguinte, a distinção entre a função cognitiva da religião e as suas outras funções. Tales e Anaximandro não colocam explicitamente a religião em causa: limitam-se a contornar as histórias sobre os deuses, e, sobretudo, estão dispostos a renunciar a toda e qualquer certeza, incluindo àquelas que se inserem naquilo que Rappaport chama de Postulados Sagrados Fundamentais. Eles compreendem que a aceitação acrítica é a estaca à qual estamos amarrados, o eixo da nossa ignorância, que nos impede de ir mais além, de encontrar algo menos falso.

O pensamento pré-científico

Isso não impede Tales, eufórico, de sacrificar o touro aos deuses: podemos nós discriminar as funções do pensamento religioso? Há alguma coisa que possa ocupar o lugar das suas funções psicológicas e sociais sem intrinsecamente obstaculizar o conhecimento? Será possível abrir um novo espaço a funções que foram, durante séculos, as da religião, pondo em causa, nesse processo, as antigas crenças?

Por certo que nem todas as religiões modernas são, desse ponto de vista, iguais. Dos sete evangelhos que consideram necessário especificar há quantos milénios é que o mundo existe (seis milénios, para ser exato), ou dos dogmas católicos, até ao impulso antidogmático do unitarismo cristão e ao budismo, que descreve as suas próprias crenças como ilusórias, há um espectro contínuo de atitudes relativamente ao conhecimento e à inteligência. No próprio seio de cada religião, ocorre um jogo contínuo de reformas, através das quais as verdades religiosas, a partir do momento em que aparecem como manifestamente insensatas, são reinterpretadas em termos mais abstratos. O deus barbudo torna-se rapidamente um deus pessoal, sem rosto, depois, um princípio espiritual, e, em seguida, algo de inefável sobre o qual nada podemos dizer...

Assim sendo, não acreditar que um deus está ao meu lado e que me escuta não me impede de me virar de manhã para o mar com um canto silencioso no coração e de agradecer ao mundo pela sua beleza. Não há qualquer contradição entre recusar o irracionalismo e ouvir a voz das árvores, falar com elas, tocá-las com a palma da mão, sentir a sua força serena fluir para mim. As árvores não têm alma. Nem mais nem menos do que o amigo com quem desabafo, e isso não me impede de conversar com um amigo, nem de falar com as árvores, nem de usufruir profundamente de todos esses contactos, nem de procurar afincadamente aliviar a dor de um amigo que sofre. Ou de dar água a uma árvore sequiosa.

Não é preciso um deus para perceber a sacralidade da vida e do mundo. Não precisamos de garantias externas para nos apercebermos de que temos valores e de que podemos morrer por eles. E se descobrirmos que a razão da nossa generosidade e do nosso amor pelas árvores pode ser encontrado nas camadas da evolução da nossa espécie, não é por isso que amaremos menos os nossos filhos e os nossos semelhantes. Se a beleza e o mistério das coisas nos deixam sem fôlego, podemos escolher permanecer sem fôlego, comovidos, silenciosos.

Bastam 100 microgramas de dietilamida do ácido lisérgico para que possamos perceber o mundo de forma profundamente diferente. Nem mais nem menos verdadeiro: diferente. O nosso saber é demasiado débil para não aceitar viver no mistério. É precisamente porque existe um mistério, e por ele ser tão profundo, que não podemos confiar naqueles que se declaram depositários da chave desse mistério.

Aceitar a incerteza e a novidade de um pensamento que procura novos caminhos implica novos riscos. Uma civilização que abandona as vias tradicionais expõe-se a novos perigos. Se o planeta sobreaquecer devido à revolução industrial, o risco para a Humanidade será, por certo, considerável. Mas as vias tradicionais não nos preservarão desses riscos; pelo contrário, elas torná-los-ão ainda mais incontroláveis. Grandes civilizações antigas, como os Maias, a Grécia clássica e, talvez, o próprio Império Romano, viram-se, muito provavelmente, enfraquecidas, se não destruídas, por graves desequilíbrios ecológicos que elas próprias haviam provocado. Com a circunstância atenuante de que elas não tinham, ao contrário de nós, a possibilidade de compreender o que é que se estava a passar e de se tentarem defender. A inteligência não nos salva necessariamente de desastres, mas, face a eles, é a nossa principal arma.

Henri Bergson (1935) considerava a religião como a defesa da sociedade contra o poder subversivo da inteligência. Mas quem é que nos salva do poder subversivo da ignorância? O mundo Maia foi salvo pela sua fé em Gukumatz, o deus-serpente criador? Os Astecas foram salvos por Huitzilopochtli, o deus Sol? Gregory Bateson (1972) salienta que a consciência racional é necessariamente seletiva, parcial e incapaz de compreender a totalidade, se não for ajudada por alguma forma de irracionalidade. Mas todas as atividades humanas são limitadas da mesma maneira, mais ainda se forem irracionais, e só reconhecendo essas limitações, e integrando aquilo que aprendemos, é que poderemos encontrar caminhos melhores.

Uma confusão habitual que está na base destas tentações irracionalistas, que são tão fortes no mundo moderno, consiste em acreditar que a individualidade racional é algo de egoísta, e que só através da sua repressão é que poderíamos identificar-nos com objetivos coletivos e ter comportamentos sociais e generosos. Esse é um erro de perspetiva. Porque é que um comportamento egoísta seria mais racional? A procura da satisfação das necessidades pessoais está provavelmente inscrita no nosso património genético, mas nele estão igualmente inscritos a nossa generosidade e o nosso comportamento social. Ficamos felizes quando recebemos um presente, mas também ficamos felizes, se não mais felizes, quando oferecemos um presente. Talvez sermos um pouco mais ricos contribua para a nossa felicidade, mas vivermos numa sociedade sem miséria contribui ainda mais para essa felicidade. A hipótese de as motivações primárias do Homem serem egoístas e antagónicas em relação aos outros homens não é racional: é apenas cega no que à complexidade do humano diz respeito. No entanto, o impulso irracionalista não se destaca pela sua generosidade: foi um puro irracionalismo, uma pura expressão desse espírito «da coletividade», que hoje muitos gostariam de colocar como defesa da civilização, que alimentou a irresistível ascensão da ideologia nazi na Alemanha dos anos 1930; e foi por causa de um sincero desejo de salvar as suas almas que foram queimadas como bruxas milhares de mulheres europeias.

Há trinta séculos, a Humanidade, através de um caminho que nos é desconhecido, construiu um sistema de pensamento baseado em verdades indiscutíveis. E em torno dessas verdades, para as proteger, criou um complexo sistema de regras, de tabus e de relações de poder.

Mas a realidade é mudança, e o curso dos séculos mudou profundamente as estruturas políticas, mentais e conceptuais da Humanidade. Já não precisamos de adorar o faraó para conferir legitimidade às estruturas políticas com que nos governamos. Existem outras vias. Já não precisamos de evocar Júpiter para explicar a chuva e o trovão. Aceitar ir ao encontro do incerto permitiu à Humanidade construir o mundo em que vivemos. Este mundo é a realização dos sonhos livres dos homens e das mulheres que nos precederam. O futuro não pode nascer senão dos nossos sonhos livres, mas para construir o futuro é necessário libertarmo-nos do presente.

Anaximandro representa, talvez, um passo rumo à libertação das antigas estruturas de pensamento. Um passo que não sabemos aonde nos levará. A verdadeira descoberta não é de onde vem a água da chuva: a verdadeira descoberta é a de que podemos estar enganados e de que, na verdade, nos enganamos muitas vezes.

O mundo é muitíssimo mais complicado do que as ingénuas imagens que formamos para o manobrar. O nosso pensamento também. A própria distinção entre essas duas coisas é ainda um enigma. As nossas emoções, a nossa complexidade psicológica e social, são muito mais complexas do que aquilo que conseguimos representar para nós. Devemos escolher entre aceitar esta profunda incerteza do nosso saber, confiando num pensamento curioso e eficaz, mas sem uma raiz sólida, e, dessa forma, continuar a compreender, reconhecendo os nossos erros e a nossa ingenuidade, alargando o nosso conhecimento, deixando a vida livre para crescer e florescer; ou fecharmo-nos em certezas vazias e construir o resto ao redor disso. Eu prefiro a incerteza. Ela ensina-nos mais sobre o mundo; é mais digna, mais honesta, mais séria, mais bela.

Um dos textos mais antigos, e mais fascinantes, que nos foi legado pela Índia antiga, ऋग्वेद, o *Rig Veda*, escrito por volta de 1500 a.C., diz:

> *De onde nasceu e de onde vem esta criação?*
> *Até os Devas nasceram após a criação deste mundo,*
> *quem sabe então de onde veio a existência?*
> *Ninguém pode saber de onde veio a criação,*
> *e se Ele a criou ou se Ele não a criou.*
> *Ele que a observa do mais alto dos céus, só Ele o sabe,*
> *ou talvez não saiba.*

(*Rig Veda*, 10. 129)

XII.

Conclusão: a herança de Anaximandro

Procurei avaliar o alcance e a herança das contribuições de Anaximandro do ponto de vista de um cientista de hoje e daí retirar algumas reflexões sobre a natureza do pensamento científico. A imagem que se desenha é a de um gigante do pensamento, cujas ideias marcam uma importante viragem histórica: foi o homem que deu origem àquilo a que os Gregos chamaram Περί φύσεων ίστορία, «a investigação da natureza», lançando as bases, inclusive as literárias, de toda a tradição científica ulterior. Anaximandro abre uma perspetiva racional sobre o mundo natural: pela primeira vez, o mundo das coisas é entendido como sendo diretamente acessível ao pensamento.

Nas palavras de Daniel Graham (2006): «O projeto de Anaximandro tornou-se, nas mãos dos seus sucessores, um programa capaz de um desenvolvimento infinito e que, na sua encarnação moderna, produziu o maior desenvolvimento do conhecimento que o mundo já viu. Num certo sentido, o seu projeto privado tornou-se a grande investigação do conhecimento do mundo.»

Ele foi o primeiro geógrafo. O primeiro biólogo a considerar a possibilidade de uma modificação dos seres vivos ao longo do tempo. O primeiro astrónomo a estudar racionalmente o movimento dos astros e a procurar reproduzi-los num modelo geométrico. O primeiro a propor dois instrumentos conceptuais que se revelaram fundamentais para a atividade científica: a ideia de lei natural que governa o desenrolar dos fenómenos no tempo segundo a necessidade; e a introdução de termos teóricos que postulam novas entidades, hipóstases necessárias para explicar o mundo dos fenómenos. Mais importante ainda, ele está na origem da tradição crítica que funda o pensamento científico: continuar a via do seu mestre, mas reconhecer, ao mesmo tempo, que o mestre se enganou.

Por último, ele realizou a primeira grande revolução conceptual da história das ciências: pela primeira vez, o mapa do mundo é redesenhado em profundidade. A universalidade da queda dos corpos é posta em causa, no quadro de uma nova imagem do mundo onde o espaço não está estruturado em *alto* e *baixo* absolutos, e onde a Terra flutua no espaço. É a descoberta da imagem do mundo que caracterizará o Ocidente durante séculos, é o nascimento da cosmologia e é a primeira grande revolução científica. Mas é, sobretudo, a descoberta de que é *possível* realizar uma revolução científica: de forma a compreender o mundo, é possível, mas também necessário, reconhecer que a nossa imagem do mundo pode estar errada e que podemos redesenhá-la.

Esta é a característica central do pensamento científico. Aquilo que nos aparece como mais evidente pode revelar-se falso. O pensamento científico é uma exploração sempre recomeçada de novas conceptualizações do mundo. O conhecimento nasce de um ato de revolta, respeitador, mas profundo, contra o saber presente. É a herança mais rica que o Ocidente ofereceu à civilização mundial que hoje se constitui, a sua maior contribuição.

Essa revolta é um desafio lançado por Tales e Anaximandro: libertar a compreensão do mundo do pensamento místico-religioso, que durante milénios estruturou o pensamento da Humanidade. Considerar a hipótese de que o mundo é compreensível sem fazer depender essa compreensão de um deus ou de vários deuses. É uma nova possibilidade para a Humanidade, que, atualmente, depois de vinte e seis séculos, continua a assustar a maioria dos homens e das mulheres deste pequeno planeta que flutua no espaço.

A releitura do mundo proposta por Anaximandro é uma nova aventura. O aspeto terrível, mas fascinante, desta aventura é o de reconhecer e de aceitar a nossa ignorância. Aceitar a nossa ignorância não é apenas a verdadeira via para o conhecimento: é igualmente a maior e a mais bela honestidade. A precariedade e o vazio daí resultantes não tiram sentido à vida; tornam-na mais preciosa.

Para onde nos leva esta aventura, não o sabemos; mas o pensamento científico, como revisão crítica do saber tradicional, como abertura para a possibilidade de nos revoltarmos face a qualquer crença, como capacidade de explorar novas visões do mundo e de, a partir daí, torná-las mais eficazes, representa um capítulo maior na lenta evolução da civilização humana. Um capítulo iniciado por Anaximandro e a que nós damos continuidade, curiosos de saber para onde vamos.

Fig. 20: A Terra vista do espaço aquando da missão Apollo 17.

Indicações bibliográficas

Para uma detalhada bibliografia sobre Anaximandro, consultar www.dirk-couprie.nl/Anaximander-bibliography.htm.

Uma síntese da história de Mileto, assim como uma detalhada bibliografia sobre o assunto, está disponível no seguinte endereço: www2.ehw.gr/asiaminor/forms/fLemmaBodyExtended.aspx?lemmaID=8177.

ABBAGNANO, Nicola, *História da Filosofia* (trad. de António Borges Coelho, Franco de Sousa e Manuel Patrício), Barcarena, Editorial Presença, 2006, 7.ª edição.

ANAXIMANDRE, *Fragments et Témoignages* (dir. de Marcel Conche), Paris, Presse Universitaire de France, 1991.

ARISTÓTELES, *Du Ciel*. www.greektexts.com/library/Aristotle/On_the_heavens/eng/ index.html.

BARNES, Jonathan, *The Presocratic Philosophers*, Routledge & Kegan Paul, 1979.

BATESON, Gregory, *Steps to an Ecology of Mind*, Nova Iorque, Ballantine, 1972.

BERGSON, Henri, *As Duas Fontes da Moral e da Religião* (trad. de Miguel Serras Pereira), Lisboa, Edições 70, 2019.

BLANCK, Horst, «Anaximander in Taormina», *Mitteilungen des Deutschen Archäologischen Instituts*, 104, pp. 507–511, 1997.

BOTTÉRO, Jean, HERRENSCHMIDT, Clarisse & VERNANT, Jean-Pierre, *L'Orient Ancien et Nous: L'Écriture, la Raison, les Dieux*, Paris, Éditions Albin Michel, 1996.

CAMPBELL, Joseph, *Renewal Myths and Rites of the Primitive Hunters and Planters*, Ascona, Suíça, Eranos Foundation e Spring Publications, 1989.

CÍCERO, Marco Túlio, *Academicorum priorum*. individual.utoronto.ca/pking/resources/cicero/acadprio.txt.

COHEN, Marc, *History of Ancient Philosophy*, University of Washington, 2006. Notas online do curso, faculty.washington.edu/smcohen/320/320Lecture.html.

COLLI, Giorgio, *Sagesse Grecque: Épiménide, Phérécyde, Thalès, Anaximandre*, Éclat, 1992.

COUPRIE, Dirk L., *Anassimander, Internet Encyclopedia of Philosophy*. www.iep. utm.edu/a/anaximan.htm.

COUPRIE, Dirk L., «The Visualization of Anaximander's Astronomy», *Apeiron 28*, pp. 159–181, 1995.

COUPRIE, Dirk L., HAHN, Robert & NADDAF, Gerard, *Anaximander in Context: New Studies in the Origins of Greek Philosophy*, Albany, State University of New York Press, 2003.

DIELS, Hermann & KRANZ, Walther, *Die Fragmente der Vorsocratiker*, Berlim, Weidmannsche Buchhandlung, 1951.

DIÓGENES, Laércio, *Vitae Philosophorum*, Oxford, 1964.

DUMONT, Jean-Paul, *Les Présocratiques*, Paris, Gallimard, Bibliothèque de la Pléiade, 1988.

DURKHEIM, Émile, *As Formas Elementares da Vida Religiosa: O Sistema Totémico na Austrália* (trad. de Miguel Serras Pereira), Oeiras, Celta Editora, 2002.

ELIADE, Mircea, *Tratado de História das Religiões* (trad. de Fernando Tomaz e Natália Nunes), Porto, ASA, 2004, 5.ª edição.

FARRINGTON, Benjamin, *La Scienza nell'Antichità*, Milão, Longanesi, 1978.

FEYERABEND, Paul, *Contre la Méthode*, Paris, Le Seuil, 1956.

FEYNMAN, Richard, *Nobel Lecture*, 1956. http://nobelprize.org/nobel_prizes/physics/laureates/1965/Feynman-lecture.html.

FOWLER, David, *The Mathematics of Plato's Academy: A New Reconstruction*, Oxford, Clarendon Press, 1999.

GAUCHET, Marcel, *Le Désenchantement du Monde*, Paris, Gallimard, 1985.

GODELIER, Maurice, *Antropologia, Storia, Marxismo*, Parma, 1974.

GRAHAM, Daniel W., *Explaining the Cosmos*, Princeton, Princeton University Press, 2006.

GUTHRIE, W. K. C., *A History of Greek Philosophy*, Cambridge, 1962.

HERÓDOTO, *Histórias*, Lisboa, Edições 70, 2010.

JÂMBLICO, *Vie de Pythagore* (trad. de L. Brisson e A. Ph. Segonds, Paris, Les Belles Lettres, 1996.

JANES, Julian, *The Origin of Consciousness in the Breakdown of the Bicameral Mind*, Boston, Houghton Mifflin, 1976.

JEANNIÈRE, Abel, *Les Présocratiques. L'Aurore de la Pensée Grecque*, Paris, Le Seuil, 1996.

KAHN, Charles H., *Anaximander and the Origins of Greek Cosmology*, Nova Iorque, Columbia University Press, 1960.

KAHN, Charles H., «On Early Greek Astronomy», *Journal of Hellenic Studies 90*, pp. 101-109, 1970.

KIRK, G. S., RAVEN, J. E. & SCHOFIELD, M., *The Presocratic Philosophers*, Cambridge, 1983.

LAHAYE, Robert, *La Philosophie Ionienne. L'École de Milet*, Paris, Éditions du Cèdre, 1966.

LEGRAND, Gérard, *Les Présocratiques*, Paris, Bordas, 1987.

LLOYD, Geoffrey E. R., *Early Greek Science: Thales to Aristotle*, Nova Iorque, W. W. Norton & Company, 1970.

LLOYD, Geoffrey E. R., *The Ambition of Curiosity*, Cambridge, Cambridge University Press, 2002.

MCCLENNON, J., «Shamanic Healing, Human Evolution, and the Origin of Religion», *Journal for the Scientific Study of Religion*, 36, pp. 345-354, 1997.

MILL, John S., *On liberty*, Courier Dover Publications, p. 18, 1860.

MILLER, Arthur I., «The Myth of Gauss' Experiment on the Euclidean Nature of Physical Space», *Isis*, Vol. 63, n.º 3, pp. 345-348, 1972.

POPPER, Karl, *The World of Parmenides: Essays on the Presocratic Enlightenment* (ed. de Arne F. Petersen), Routledge, 1998.

RAPHALS, Lisa, «A "Chinese Eratosthenes" Reconsidered: Chinese and Greek Calculations and Categories», *East Asian Science, Technology and Medicine, 19*, pp. 10-61, 2002.

RAPPAPORT, Roy, *Ritual and Religion in the Making of Humanity*, Cambridge, Cambridge University Press, 1999.

REYNOLDS, Vernon & TANNER, Ralph, *The Social Ecology of Religion*, Nova Iorque, Oxford University Press, 1995.

ROBINSON, John Mansley, *Introduction to Early Greek Philosophy*, Houghton Mifflin School, 1968.

ROEBUCK, Carl, «The Early Ionian League», *Classical Philology*, Vol. 50, n.º 1, pp. 26-40, 1955.

RUSSO, Lucio, *La Rivoluzione Dimenticata*, Milão, Feltrinelli, 1996.

RUSSO, Lucio, *Flussi e Riflussi*, Milão, Feltrinelli, 2003.

SANTO AGOSTINHO, *A Cidade de Deus* (trad. de J. Dias Pereira), Lisboa, Fundação Calouste Gulbenkian, 2016, 5.ª edição. www.fh-augsburg.de/~Harsch/Cronologia/Lspost05/Augustinus/aug_cd00.html.

SHOTWELL, James T., *An Introduction to the History of History*, Nova Iorque, Columbia University Press, 1922.

Smolin, Lee, *The Life of the Cosmos*, Nova Iorque, Oxford University Press, 1997.

Speiser, Ephraim Avigdor, «Genesis: Introduction, Translation and Notes», *The Anchor Bible*, Garden City, New York Doubleday, 1964.

Testa, Emmanuele, «Legislazione contro il Paganesimo e Cristianizzazione dei Templi nei Secoli iv e v», *Studium Biblicum Franciscanum*, Liber XLI, p. 311, Jerusalém, 1991. 198.62.75.1/www1/ofm/sbf/Sbfla91.html

Ulises, Moulines C., *La Philosophie des Sciences, l'Invention d'une Discipline*, Paris, Éditions Rue d'Ulm, 2006.

Unger, Roberto, *The Self Awakened*, Harvard University Press, 2007.

Vernant, Jean-Pierre, *Mythe et Pensée chez les Grecs*, Paris, Librairie François Maspero, 1965.

Vernant, Jean-Pierre, *Origens do Pensamento Grego* (trad. de Manuela Torres), Lisboa, Teorema, 1987.

Vidotto, Francesca, «Nuovi Linguaggi per una Nuova Scienza. L'Esperienza del Teatro a Padova», em *Proceedings of Donne, Scienza e Potere. Oseremo Disturbare l'Universo?*, Lecce, 15–17, setembro 2005, pp. 81–87 (I documenti — Comitato Pari Opportunità Università di Lecce). siba2.unile.it/ese/issues/286/658/Donnescipotere_p81-87.pdf

Witherspoon, Gary, *Language and Art in the Navaho Universe*, Ann Arbor MI: University of Michigan Press, 1977.

Yajnavalkya, *Brhadāranyaka Upanishad*, em *The Thirteen Principal Upanishads* (trad. de Robert Ernest Hume), Oxford University Press, 1931.

Créditos das figuras

Figuras 1, 13 e 18: © Maéva Baudoin.

Figura 2: Extraído de *The Historical Atlas*, por William R. Shepherd, Nova Iorque, 1911, Henry Holt & Company.

Figuras 3 e 17: © *The Trustees of the British Museum*, Todos os direitos reservados.

Figura 4: © Thomas Sakoulas.

Figura 5: my.fit.edu/~rosiene/20510.htm.

Figura 6: commons.wikimedia.org/wiki/Imagem:Milet_amfiteatr_RB.jpg.

Figura 7: oncourse.iu.edu/access/content/user/leach/www/c414/net_id/miletus.

Figura 8: © Musei Vaticani. Todos os direitos reservados.

Figura 9: Baseada em Dirk L. Couprie (1995).

Figura 10: Baseada em Mansley Robinson (1968).

Figura 11: Propriedade do autor.

Figura 12: © Josch Hambsch.

Figura 14: Museu Arqueológico Nacional, Atenas. en.wikipedia.org/wiki/Imagem: NAMA_Dame_de_Mycènes.jpg.

Figura 15 (à esquerda): Museu Arqueológico Nacional, Atenas, n.º 7703 (Ge 604). commons.wikimedia.org/wiki/Image:NAMA_Tablette_7703.jpg.

Figura 15 (à direita): Museu Arqueológico Nacional, Atenas, n.º 7671 (Oe 106). commons.wikimedia.org/wiki/Image:NAMA_Tablette _7671.jpg.

Anaximandro de Mileto ou o nascimento do pensamento científico

Figura 16: Gustav Ebe, Kunstgeschichte des Altertums, Düsseldorf, 1895, S. 219. commons.wikimedia.org/wiki/Imagem:Tiryns.Castle.03.png.

Figura 19: mesopotamien.de/einfuehrung/weisheit.htm.

Figura 20: Foto tirada a caminho da Lua por Harrison Schmitt ou Ron Evans aquando da missão Apollo 17, em 7 de dezembro de 1972. © NASA.

Impresso por:

Docuprint D
CNPJ 01.036.332/0001-99